鳳邑舊城 城隍出巡

地方再現

李橙安、邱延洲、周志明——著

目次

局長序

從常民文化出發，留下城市最美好的歷史記憶

人們常藉著各種慶典、儀式、音樂與工藝，傳遞著彼此的情感，建構出屬於在地的自我認同及歷史記憶。宗教信仰等無形文化資產的保存與維護，是本局推動文化政策的重要核心價值。

高雄市是臺灣唯一於行政範圍內，同時保有兩座前清時代所遺留下來的古城，也是同時擁有兩間清代官方祀典「城隍廟」的城市。位於左營的鳳邑舊城城隍廟，自清代以來即香火鼎盛，一直是在地人重要的信仰中心。舊城城隍出巡是聯結當地十三角落公廟共同籌組的祭典，為民間自主自發辦理，亦已以「鳳邑舊城城隍出巡」名稱登錄為高雄市市定民俗。出巡過程中，各公廟自發籌組陣頭，是該項市定民俗最為獨特的亮點，顯現出地方的向心力和常民生活的創造力。

民國一〇五年開始，在文化部推動再造歷史現場專案計畫中，高雄市以左營鳳山縣舊城為主的「見城計畫」，進行許多鳳山縣舊城相關有形無形文化資產的調查及修復，城隍出巡的無形文化資產保存、調查及記錄，亦是重點之一，此次出版，即是將此保存記錄與市民分享，逐步呈現高雄市豐厚的歷史文化底蘊。

本書作者為高雄子弟，對於家鄉的文化傳承極具熱情，花費一年時間做此調查記錄，精神可佩。我們也期許後續能有更多對高雄歷史文化資產有熱忱的有志者，加入我們的行列，為歷史與文化注入源源不絕的養分，繼續在高雄這塊土地上成長茁壯。

局長

林思伶

序言

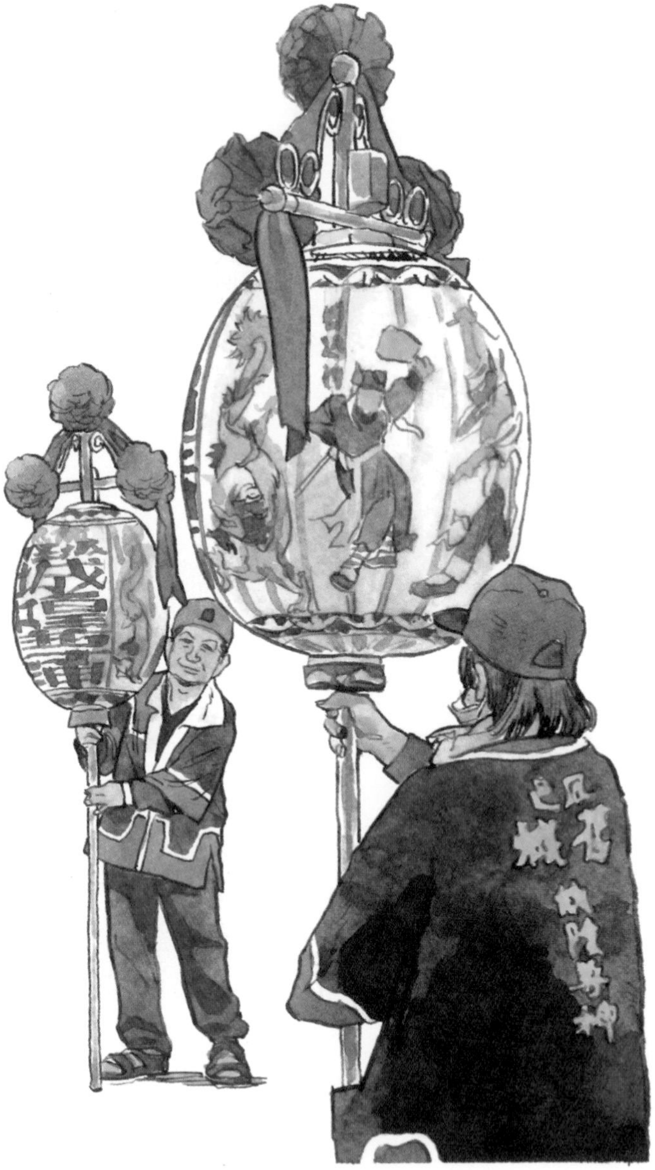

高雄是少數同時擁有二座城池以及二座城隍廟的城市，尤其是位於左營的鳳山縣舊城，其規模與周邊聚落祠廟之完整，放眼全國可說是絕無僅有。為了做好文資保存，帶動城市發展，高雄市政府與文化部於二〇一六年底推動「再造歷史現場——見城計畫」。以考察舊城遺址、保存文化資產、再現聚落文化、推動觀光遊憩等方式，重新連結土地與人民的歷史記憶，找回城市的光榮感。然舊城的再現，除了舊城考古上所做的努力外，更重要的是周邊聚落的參與，以及文化特色上的展現。

鳳山縣舊城古稱「興隆庄」，因先民相繼入墾發展成「里」，後因人口不斷增加再分為「興隆內里」與「興隆外里」。雖然興隆內、外里一詞隨著日治時期區里重新劃分而走入歷史，但位於舊城北門外的鳳邑舊城城隍廟卻透過信仰及其背後社會網絡的連結，不僅完成了城隍廟的重建，更因此帶動了興隆內、外里十三角落及其廟宇文化的保存。

舊城城隍廟之出巡，肇始於大正七年，由當時左營區長鄭新芬所發起，其規模堪稱南臺灣城隍信仰一大盛事。鄭新芬除擔任左營區長一職，因其經商有成，更與謝耀麟等地方仕紳發起籌組「責任有限舊城信用組合」，甚至利用舊城城隍廟做為辦理社員會議之空間，而舊城城隍出巡之倡議，鄭新芬認為除了透過迎神賽會達到振興商況之目的，透過城隍廟之經營可與地方仕紳產生連結、帶動地方之治理。

舊城城隍廟於戰後發起重修，礙於當時民力尚待復甦，延至民國五十一年由仕紳謝耀麟發起，並延續日治時期地方共同參與之精神，採用十三角落共同鳩資重建的方式進行推動，整體工程委託台南吳橫先生進行設計，更麟聘潘麗水先生進行彩繪，迨落成後由謝耀麟等仕紳倡議，邀集積極參與重建的十三個地方公廟共同進行管理委員會之籌組，成為全國唯一由十三個角頭共同管理的城隍廟。

「舊城城隍出巡」分別於民國三十九年、四十七年、五十八年、六十年及六十六年舉行，曾有約十年之停滯，民國八十六年到一〇〇年之間則採三年一次辦理，最近一次為民國一〇五年。因其豐富的歷史沿革與特殊的信仰文化，一〇七年經高雄市政府公告為「市定民俗」，舊城城隍廟本體建築也於一〇七年十二月展開本世紀以來最大規模之重修。

本書詳細描述舊城城隍出巡的歷史脈絡，再現了舊城城隍廟與地方社會網絡的連結，梳理舊城城隍廟經營背後與地方治理的多重關係。同時也希望此一精神延續至文化資產的保存，透過重修廟宇、推廣民俗和保存文物，帶動起十三個角落的共同參與。

壹

從清代官廟走入民間社會的共同治理

一　城隍信仰與鳳邑舊城城隍廟之肇始

城隍信仰雖在宋代雖已有高度發展，但就國家體制而言，仍未形成統一的祭典制度，直至明代初年太祖朱元璋時期才定制各級城隍品秩及祀典之規範，[1] 再按明．王圻（一五二〇—一六一二）的《續文獻通考》載：「凡府州縣新官到任，必先齋宿城隍廟，謁神與誓。」[2] 至於清代對城隍的祭祀則延續明代規儀，各地城隍廟的籌建，大致均是伴隨城池的興建而來，也就是先建城池，後建城隍廟。然，臺灣受限康熙朝「臺地不得興築磚石城垣」的政策影響，[3] 遂有先建城隍廟之例，這顯示了雖然無法築城，但鑒於國家統治之必要，仍需祀典城隍以威攝官民。

高雄在明鄭時期稱為「萬年縣」，清代納入版圖後則稱為「鳳山縣」，根據陳文達《鳳山縣志》記載，古鳳山縣對於「城隍」的祭祀可追溯至康熙十四年，但當時並未建廟，而是將城隍爺的神牌與「本縣境內山川之神」、「風雲雷雨之神」合祀於山川壇中一同祭祀，屬於古鳳山縣歲時祭典的一種。

康熙五十七年，鳳山知縣李丕煜有感於任職以來境內一直未對城隍爺進行專祀，每逢水旱時，又必須向城隍祝禱，因此邀集地方仕紳於埤仔頭市街之北側興建城隍廟，為當時在鳳山縣境第一座由官民鳩資同建，且列入春秋祀典之廟宇。《鳳山縣志》云：

> 城隍無專祭，而水旱、疾疫必禱之，致敬、宿齋必告之；故立之廟，使神有所憑依也。邑有未設。康熙五十七年，知縣李丕煜捐奉鼎建；在興隆庄文廟之後，而立於右焉。[4]

鳳山縣自宋永清在康熙四十四年奉命回縣治理後，期間歷經康熙五十一年到任的時維豫，以及康熙五十六年就任的李丕煜，值得關注的是，何以歷經十三年後才籌建城隍廟？據李丕煜〈新建城隍廟碑記〉云：

> 國家先成而後民致力於神，非緩之也，民為神主，急其所當務……予以康熙五十六年，由南平移調斯邑。始至之日，而見夫厥土之已辟也、厥邑之已治也，而文廟之巍然在望而美富之有其基也。雖未大備，心焉少慰。獨城隍廟缺焉未舉，斯民水旱癘病之害，孰為之除？盈寧壽考之祥，孰為之召？明有以治而幽無以贊也，又惕然慮之……苟匱神乏守，是誰之過歟？用是卜地於縣治之左，鳩工庀材，作廟翼翼。自此讀法有其所，

> 祇報賽禱有其地；朔望行禮，陟降俯仰，有其鑑觀，事前人之所緩，正今日不可不急者也……工始於五十七年夏，告成於五十七年冬。所有規制材木，取其堅固、不取其華麗。取其可垂於永久、不取其觀美於一時……[5]

李丕煜認為國家先成，才有庶民致力祀神。他在康熙五十六年由福建南平縣移調鳳山縣，到任之日便看到此處已非荒蕪之地，縣政不僅步入軌道，文廟也已興建，雖然諸事尚未完備，但還算是欣慰。然而城隍廟未建一事，民眾在遭逢水旱癘病之際，誰能除之？民眾若亡故又有誰能召之？所謂凡間有官吏可治理，幽冥之事誰能處治？未建城隍廟，沒有這個神祇守護民眾，是誰的過錯？準此，興建城隍廟乃急中之急。雖然李丕煜某種程度指責前任官員，怠忽職責，但他也同時指出興建經費的問題，前二任宋、時二位知縣沒有款項投入城隍廟籌建，李丕煜甚是強調取其堅固、不取華麗，正是說明興建費用並不充裕。

二　舊城城隍廟重修與十三角落仕紳之參與

城隍廟自康熙五十七年冬季完竣後，乾隆五十八年由鳳山縣儒學吳策勳提倡重修，咸豐六年由職員陳大奎再度發起重修。[6]基本上，可以看到城隍廟的興建與乾隆年間的重修均是官方所倡議，顯見其官方祀典色彩，惟咸豐年間由陳大奎發起的重修，雖然亦有官方背景，但其「職員」銜卻彰顯其民間身份。審視清代方志，有關壇廟的興建或重修，大多以董事、總理等銜者發起，職員銜較少。就戴炎輝對臺灣清代鄉庄職的討論，認為清代鄉庄「職員」分「官治」、「自治」

兩種，官治者為「地保」；自治者為里保之總理，街庄之街庄正、董事、老大等。因此，若為地保（官治職員），實必有官方背景。再就戴炎輝的看法，雖地保乃官方職員，但這個職務係由地方推舉，也就是說係縣官任命鄉里擔任，屬於「役」的層級，與一般的自治型鄉庄的總理、董事不同。[7]即使如此，無論地保、總理、董事均來自地方，也由於地保非具備正式官銜，準此，就陳大奎所任職員之銜，不論他是官治或民治職員，都當可視之為地方代表，故而可算是由民間所發起之重修。

由此推論，城隍廟官方祀典色彩的褪卻，應當與嘉慶五年新治城隍廟的興建，以及鳳山縣治在道光二十七年下埤頭街正式確定為縣治所在有所關聯。自此，鳳山縣城隍廟才漸次出現「舊城城隍廟」之別稱，咸豐六年的重修也當可視為民間掌握舊城城隍廟運作的開始。

舊城城隍廟歷經乾隆五十八年儒學吳策勳、咸豐六年職員陳大奎重修。迨至民國三十五年六月，內惟李天輝、左營謝耀麟等仕紳，因為不忍城隍古廟殘陋，故再次發起重修。日治時期警官吉田所毀之神像，也藉此機會予以重塑，包括鎮殿城隍、七爺謝將軍、八爺范將軍神像及其它十一尊神像等。全數於民國三十六年八月二十八日竣工，為舊城城隍廟第三次重修。

民國五十一年，城隍廟因信徒進香日益踴躍，香客與日俱增，早已不敷容納。且過去之修繕多以暨有的廟體結構為基礎，僅於外觀與結構兩方面進行簡易補強。至此，古廟之廟體、樑柱早已出現多處裂痕，且室內昏暗，有坍塌之虞。廟方於舊曆十月二日召開信徒大會，會中一致決議將

城隍廟落成啟鑰典禮紀念

原有古廟拆除進行重建，並以興隆內、外里十三個角落為核心，成立「舊城城隍廟修建委員會」專責推展重建工作。[8]

同年農曆十一月二十四日巳時，舊城城隍廟進行舊廟拆除，農曆十二月十六日巳時動土興建，新建廟體委託台南吳橫先生設計，並邀請台南彩繪大師潘麗水先生負責彩繪。民國五十三年農曆四月十三日，廟宇結構大致完成，先行辦理金身入廟安座大典，細部工程則持續進行。

重建之初，舊城城隍廟僅有土地四二五．九二坪，土地面積和經費皆有所不足。時任修建主委的謝耀麟先生不僅慷慨解囊，更奉獻私有土地一八．一五坪與現有建地合併，讓舊城城隍廟更具規模。舊城城隍廟修建工程整體於民國五十七年舊曆十月完工，歷時七年，在舊曆十一月一日辰時舉行落成典禮。完工後的廟貌煥然一新，莊嚴肅穆，頗具古風。在修建資金的募集方面，舊城城隍廟除向一般社會大眾進行募款，也透過地方頭人的相互牽線，以庄頭為單位，由各庄頭公廟代為向其信眾募款，建立了十三角落共同參與的實質基礎。

城隍廟落成後，為了健全廟務發展，由參與重建募款的十三角落庄頭，包括內惟青雲宮、內惟鎮安宮神福祠、左營元帝廟、左營豐穀宮、店仔頂慈德宮、洲仔清水宮、埤仔頭鎮福廟、菜公豐谷宮、新莊仔青雲宮、新吉莊北極殿、廍後北極殿、覆鼎金保安宮、龍目井龍泉宮等，組織「舊城城隍廟管理委員會」，持續推動廟務管理、祭典活動等事宜，讓舊城城隍廟的管理從單一的民間組織，走入由十三個庄頭共同治理[9]的時代，也就是現在當地俗稱的「十三角落」。

本廟顏子四勿箴創始人謝耀麟主委於昇匾前留影

前列舊城城隍廟在重建時，為何會採用各庄頭代為募款的方式進行推動？其中是否有重要人士居中牽線才得以促成十三個庄頭對重建城隍廟之參與？

根據幾位地方耆老或熟悉掌握部分重要資訊之公廟幹部指出，除了舊城城隍廟自古為官廟，為興隆內、外里民眾信仰中心的身分以外，十三角落之實質參與應受修建主委謝耀麟之影響。

謝耀麟故居在城隍廟之後，身為地方望族，社會資本雄厚。城隍爺一直是謝耀麟從小的信仰，經商有成的他，不僅成為城隍廟的管理人，更擔任修建委員會主任委員一職。舊城城隍廟修建時，捐獻家族土地以擴大城隍廟規模。十三角落會如此積極參與舊城城隍廟之重建，即與謝耀麟背後所牽動的政商網絡息息相關。

日治時期左營區長鄭新芬。
圖片出自：連雅堂編〈人文薈萃〉[10]

從《臺灣日日新報》相關報導中，可以了解日治時期任左營區長的鄭新芬，除了公務以外，在商業上的表現：

籌設農商公司。與隆外里左營庄區長鄭新芬氏，此次謀於該地保正名望家等，擬在打狗舊城開設農商公司，資本二十萬圓，經營製米粉等業，刻正準備一切云。[11]

大正八年，左營區長鄭新芬在籌組「責任有限舊城信用組合」時，也找了謝耀麟加入。當時舊城信用組合就是利用舊城城隍廟的空間辦理社員會議，從該組合發起者的背景來看，其中不乏商業、農業二大系統。（發起人員名單請詳閱附件一。）

另外，也可從不斷鬧上新聞的「舊城信用組合」中看到其間複雜的政商關係：

舊城信組總會。高雄州岡山郡舊城信用組合，于去十七日開第十回通常總會，順舉行選舉役員，為黨派爭奪組合長，競相指摘……[12]

舊城信組臨時總會現役員全部辭職，為憤慨反對派種種策動，結果一名辭去餘皆重任。高雄州岡山郡舊城信用組合，日前總會之時，為貸借及破產後加入組合員，惹起波瀾，去四日午前九時頃，為組合臨時總會於舊城城隍廟內之際，定刻一到，有岡山郡郡守，帶同庶務課長，天野名工主任，石井楠梓分室主任等列席。組合員三百四十一名著席後。首由理事長鄭新芬報告臨時總會具體案畢，役員全部為憤慨反對派，無端

> 取鬧，以爭地位，提出辭表，承間球組合員承認，再新選役員。於是組合員等，莫名其妙議論紛紛，幾致不能收拾後由天野名工主任登場說明，方得了解，其餘則全部重任，就破產後加入組合員之席分，及反動派……[13]

民國五十一年重建城隍廟的委員名單裡有林仁和、王貴人二位重要顧問，此二人具有民意代表及官方行政部門之色彩。其中，林仁和曾任臺灣省立高雄中學教員、高雄市教育會理事長、高雄市議會議員、議長、臺灣省臨時議會第二屆議員等職。民國四十一年臺灣省政府的檔案裡，有一份當時舊城城隍廟辦理登記的文書，當時的舊城城隍廟管理人即為林仁和。

而王貴人自日治時期起日擔任左營公學校教員、左營庄役場會計主任、左營青年團副團長、省轄市高雄市議會第二屆議員，再次比對參與修建委員名冊及民國八十五年四月一日舊城城隍廟慶成建醮收入支出結算碑、民國五十七年歲次戊申科舊城城隍廟慶成建醮大典紀念碑所列之名冊，也不乏具「信用組合」、「農會」和「水利會」等重要組織之背景者，這也間接印證鄭新芬、謝耀麟及舊城城隍廟十三角落地方仕紳之特殊關係。（舊城城隍廟修建委員身分一覽表請詳閱附件二，民國五十七年歲次戊申科舊城城隍廟慶成建醮大典紀念碑請詳閱附件三，民國八十五年四月一日舊城城隍廟慶成建醮收入支出結算碑請詳閱附件四。）

1 孟文鈞，《明代以來城隍故事與信仰》（花蓮市：國立花蓮師範學院民間文學研究所碩士論文，二〇〇三年），頁六—三七。

2 明．王圻，《續文獻通考》，收入《續修四庫全書》（上海市：上海古籍出版社，一九九五年），頁八八。

3 王耀賢，《府城城隍信仰之研究》（臺南市：國立臺南大學臺灣文化研究所碩士論文，二〇一〇年），頁二四。

4 清．陳文達，《鳳山縣志》（臺北市：行政院文化建設委員會、遠流出版事業股份有限公司，一九六一），頁五。

5 清．李丕煜，〈新建城隍廟碑記〉，收入《重修鳳山縣志》。

6 清．盧德嘉，《鳳山縣采訪冊》（臺北市：臺灣銀行經濟研究室，一九六〇年），頁一八三。

7 戴炎輝，《清代臺灣之鄉治》，臺北市，聯經出版社，頁二一八—二二〇。

8 舊城城隍廟修建委員會於農曆十月十八日召開第一次委員會，進行重建職務之推選，公推謝耀麟為修建委員會主任委員，黃海清、郭壽帶為副主任委員，李榮、陳成通、薛喜、陳盧潘、張實、林預為常務委員，林仁和、王貴人為顧問，謝芬、蘇輝、柳清和、曾天祿、歐朝琴、黃查某、陳淡而、康金江、陳隆輝、侯回、候萬蟾、陳成、蔡天送、陳水標、張玉山、王午露、李舍、鐘金生、李勉、黃有名為委員，李存智、顏仁傳、王庚寅、黃丁木為監察委員，曾仁春為常務監察委員，負責籌劃重建事宜。並任郭琴為募捐組組長、楊進復為總務組組長、薛喜為會計組組長、康金江為建設組組長、陳隆輝為聯絡組組長、曾仙助為水電設計監工組組長，各主其事。

9 由於管理委員會是在民國五十七年才正式開始推動，各廟委員代表的產生方式原則上尊重各個公廟，由各公廟在召開管理委員會時，委員們相互推舉產生。結果出爐之後，將推舉結果回報至城隍廟，再由城隍廟召開管理委員會，進行主任委員及各組組長之推選。在委員席次方面，管理委員會依各角落捐款之多寡，進行分配。為了廣納信眾在廟務上的參與，管理委員會也自第十三屆起，再度納入城隍廟「轎班會」、「謝范將軍駕下」、「壽龜部」等重要的廟務組織，同時各增加一席委員。

10 連雅堂，《人文薈萃》（臺北市：遠藤寫真館，一九二一），頁三七八。

11 大正二年五月十二日《臺灣日日新報》。

12 昭和五年一月二十四日《臺灣日日新報》。

13 昭和六年四月七日《臺灣日日新報》。

貳

舊城城隍廟十三角落組織及其公廟簡介

一　十三角落組織管理型態之形成

舊城城隍廟在民國五十一年重修時，除了公開向社會大眾募款，更透過修建主任委員謝耀麟先生在地方上的實力，邀集鄰近庄頭及地方菁英共同參與，透過各庄頭公廟的影響力向信徒募款。根據地方耆老所提供的資訊，與隆內外里十三角落公廟參與城隍廟事務由來已久，民國五十一年城隍廟重建廣納十三角落的支持，是近代廟宇組織化發展的必然趨勢。[14]準此，諸多討論及說法都直指興隆內外里內的十三個庄頭參與城隍廟的事務，只是其緣由並無文獻佐證，耆老的口述資料也無法提供明確答案。

如前所述，舊城城隍廟之創建係由清代鳳山縣設治而來，嘉慶七年在官方又另籌建下埤頭街新城城隍廟後，官方逐漸退出管理，由民間代之掌握舊城城隍廟的運作。從十三角落全數位於清代興隆里的行政範圍內來看，大致上可以推測，當官方勢力退出城隍廟時，所謂的「民間」力量即是世居興隆內外里的民眾。戰後重建的發起者謝耀麟為左營庄人，即可了解民間取代官方管理城隍廟，應是以臨近聚落為核心。

興隆內、外里十三角落為組織型態，並非一開始即有，無論是從《淡新鳳三縣簡明總括圖冊》，抑或《鳳山縣采訪冊》所載，興隆里所轄之村庄聚落均有超過十三個。此外，據該廟沿革誌中歷次出巡紀錄顯示，民國三十九年出巡西子灣、哈瑪星及十三角落，而民國四十七年僅出巡十角落。[15]十三角落的組織型態，是在民國五十一年的重建以及民國五十三年整建之後，才真正確立。

那為何是「十三」角落，而不是依照清代興隆里的村庄數量而定呢？據廟方說法，重建鳩資時分成二個部分，其一為一般信徒的捐獻，其二是以「庄頭」為單位的捐獻。當時因時代變遷及諸多因素僅此十三角落捐資，並按其金額多寡訂立委員席次。職是之故，可以確定十三角落的確定乃是在民國五十三年才有。

從十三角落在城隍廟管理委員會的席次情況可以發現，十三角落從鳩資到管委會的席次分配，並不是由民眾直接參與，而是透過聚落及其公廟為代表，由各公廟號召所屬聚落居民捐獻，或由各廟直接以廟款支應。舊城城隍廟的管委會席次均以各聚落公廟為核心，各廟依席次派人參與城隍廟的組織運作。而十三角落如何產生城隍廟管理委員的方式各異，城隍廟並不介入，例如覆鼎金保安宮擁有兩席委員，全由保安宮的董監事會開會指派；又如埤仔頂鎮福廟的兩個席位則是採擲筊決定，由最高筊的兩位委員派駐城隍廟任事。

藉由十三角落各公廟按席次推選出派駐城隍廟之委員，再依此遴選城隍廟管委會的主任委員及各組組長。為了能讓民眾更廣泛參與廟務運作，民國七十六年，即第十三屆管委會改組時，又增轎班會、謝范將軍駕下、金香部、壽龜部各一席次。

值得一提的是，在左營地區民眾的傳統認知裡，將參與舊城城隍廟重建的十三角落及其背後所屬的宮廟視為地方上的「公廟」。除此之外，即使歷史再悠久、規模再大，均被認為是「私人廟」，包括具有歷史的慈濟宮及龜峰巖天后宮，均未被列入「公廟」。其中的原因包括，二者因舊城被徵收後，城內相關廟宇遭受拆除，信徒四散而無法聚集成「庄」，也無法及時興建廟宇。

根據地方耆老的口述，舊城城隍廟各庄的委員席次中，分屬六甲及七甲的店仔頂慈德宮之所以會有三席委員（其中一席即是當時慈濟宮），是因為慈濟宮在舊城城隍廟重建時甫完成建廟，又受日治時期遷庄影響，居民四散，募款規模無法與各庄比擬，只好將所募得之款項合併於慈德宮，因此慈德宮才有第三席。如此說來，即使歷史再悠久的庄頭或公廟，不論受到迫遷或毀廟，若無法再次集結成庄，就會喪失在地方上參與公眾事務的代表性。

反倒是桃仔園一分為二的新莊仔青雲宮、內惟青雲宮，以及一分為二的新吉莊北極殿，雖不具長遠歷史，卻隨著庄民的遷徙快速集結成庄，馬上就成為參與地方公共事務的力量。新莊仔青雲宮、內惟青雲宮、新吉莊北極殿也就順其自然成為十三角落內的「公廟」。

承上，十三公廟建立的時間除了時間軸上的遠近外，還有另外一項有趣的發現。根據調查，十三角落裡的「菜公」並非傳統的閩南聚落，而是一個典型的北客南遷的移民聚落。目前自由黃昏市場旁的葫蘆尾福德廟，其碑記上也詳實的記載了這項過程，為客家先民移居高雄開墾後，至舊城分香福德正神進行奉祀。

又根據菜公豐谷宮的記載，同樣根據北客信奉五穀爺的傳統，至左營豐穀宮分香神農大帝，民國三十六年間才由吳天寶及林預等人發起興建豐谷宮，因二人在地方上具有影響力，雖菜公豐谷宮為十三角落最晚建廟者，但同樣被列為地方「公廟」之列。[16]

11
13
14

1 左營豐穀宮
2 左營元帝廟
3 店仔頂慈德宮
4 廍後北極殿
5 鳳邑舊城城隍廟
6 埤仔頭鎮福廟
7 洲仔清水宮
8 內惟青雲宮
9 內惟鎮安宮
10 龍井目龍泉宮
11 菜公豐谷宮
12 新庄仔青雲宮
13 新吉莊北極殿
14 覆鼎金保安宮

二　十三角落公廟簡介

（一）慈德宮

「店仔頂」屬左營庄之六甲與七甲，與廍後和埤仔頭是人口和商業發展最為興盛的聚落，早在乾隆年間，大批往來中國沿海之間的商船皆停泊在萬丹港（左營港）。商船停泊好後，則將船上所有的貨物換到竹筏上，再經「南海大溝」運到埤仔頭街，因此埤仔頭和店仔頂的發展盛極一時。

店仔頂慈德宮為左營庄六甲與七甲地區之公廟。根據廟碑所載，相傳於清康熙二十六年間，由楊氏農民捐地，以搭設草寮之方式奉祀六甲聚落之主神福德正神與七甲聚落之主神天上聖母，並定名為「慈德宮」，與龜峰巖天后宮「樓仔頂媽」同為興隆庄最早的媽祖廟，同治十二年曾協順發起重修。

店仔頂慈德宮。攝影：李橙安

昭和十六年，日本政府除了徵用寺廟做為公務機關，更要求所有廟宇將神像上繳保管甚至焚毀。慈德宮在當時的時空背景下，即被徵用為「農事實行組合事務所」和具民防性質的「防衛團支部」。除開基天上聖母和福德正神金身被境內信眾暗中請回藏匿外，其他神像皆難逃上繳的命運。

戰後，店仔頂民眾募資重修慈德宮，並增建兩側廂房與拜亭，同時將戰亂時四散之神像一一迎請回慈德宮安座。民國六十二年，奉媽祖指示重建，民國六十五年落成，並增設兩廂增祀九天玄女及順天聖母。[17]

（二）**菜公豐谷宮**

據鄉里傳說，菜公庄的地名由來，係因有一位老者開設齋堂，其人樂善好施，頗受民眾敬重，久之乃以「菜公」為聚落名。菜公豐谷宮的神農大帝信仰，相傳是在日治時期，因新竹北客至高雄為佃時，遵循原鄉五穀爺之信仰，奉祀神農大帝，其金身完成後，徵得信眾同意將之暫時供奉於耆老吳天寶家中。在尚未興建豐谷宮前，菜公本地原祀有中壇元帥一尊，當時也正在尋地建廟。篤信神農大帝的吳天寶先生聽聞後，遂捐出三十餘坪土地，將神農大帝與中壇元帥、觀音佛祖等神尊併祀。民國六十八年，菜公庄人口增加，豐谷宮召開信徒大會決議重建廟堂。經境內信徒和廟方通力合作，於民國七十三年完成重建工作，同年入火安座。[18]

另外值得一提的是，位在自由黃昏市場旁的葫蘆尾福德廟，則是延續客家民族伯公信仰之精神，至舊城城隍廟分香福德正神，並藉機請回城隍金身一尊，藉以福蔭鄉梓。有趣的是這尊被請至葫蘆尾福德祠的城隍爺，遂此久留於福德祠內，

菜公豐谷宮。攝影：李橙安

直至民國一〇七年才由葫蘆尾福德廟另塑金身，將源自舊城城隍廟請來之城隍爺迎回城隍廟。

由此可見，雖然菜公多是竹北一帶遷徙而來的北客，但因信仰的關係，與左營淵源頗深，再加上舊菜公原本就是興隆內外里幾個重要的庄頭之一，城隍廟重修時菜公庄整體並未缺席。因此，菜公當時雖然人口少，且大部分都是北客，但在以閩南人為主的十三角落組織運作上仍有一席之地，這也是城隍廟十三角落組織文化的一個重要特色。

（三）廍後北極殿

廍後北極殿亦被稱作廍後廟，主祀玄天上帝。該廟在乾隆二十九年即有記載，按《重修鳳山縣志》云：「真武廟（俗稱元天大帝廟）：在縣治興隆庄廍後鄉，鄉民募建。」[19]此外，《鳳山

廍後北極殿。攝影：李橙安

縣采訪冊》也提到：「一在廍後庄（興隆），縣西北十六里，屋六間，嘉慶五年許卓募建，同治十三年卓隆美重修。」[20]

根據廟碑文獻，最早是由陳氏在廍後庄厝尾仔建廟。昭和十二年，廍後北極殿被劃入海軍要塞，被迫拆除，所有神像被移至大崗山超峰寺，所幸玄天上帝等五尊神像被薛占等人分別藏於家中，迨民國三十四年薛占倡議募資於現址重新建廟。

昭和十五年，自廍後遷居新吉莊的庄民請回北極玄天三上帝、中壇元帥、八仙等神像回到新吉莊安奉；民國六十七年，又有遷居後勁的廍後人迎請北極玄天二上帝至後勁，同年，因廟宇年久失修，以薛順為首的地方仕紳號召信徒捐款重建，民國七十三年農曆正月七日圓滿落成舉行祈安建醮大典，並於民國九十三年八月改制財團法人。[21]

左營元帝廟。攝影：李橙安

（四）左營元帝廟

元帝廟是左營地區一甲到七甲的地方公廟，管理委員會也由一甲至七甲信眾代表擔任。左營當地居民俗稱元帝廟為「大廟」，然建廟之確切年代已不可考。從廟中匾額推測，元帝廟可能的興建年代大致落在乾隆末到嘉慶年間。按《鳳山縣采訪冊》云：「一在左營庄（興隆里），縣西北十六里，屋六間，光緒九年林源和重修。廟租十四石。」[22]

據鄉里傳說，元帝廟最早是一座草寮，奉祀二甲臨水夫人，後有三甲、四甲聚落之民眾，將其福德正神和朱府千歲一同請至廟內奉祀。準此，臨水夫人還將廟中主神之位讓予朱府千歲。乾隆末到嘉慶初年間，鄉紳曾氏在萬丹港（左營港）撈獲玄天上帝神像，便帶回家中供奉，此後凡曾氏出海捕魚，幾乎是滿載而歸。此事在庄內傳開，民眾爭向玄天上帝焚香祈求，香火日益鼎盛。經庄內人士商討，決定將玄天上帝請至廟內受眾人香火。經廟內眾神同意，玄天上帝便成主神。

左營元帝廟在民國六十一年整修，民國七十一年玄天上帝降駕指示於蓮池潭中安奉黑令旗，民國七十八年又以發爐方式指示於原潭中黑令旗處興建玄天上帝聖像。經管理委員會積極爭取，蓮池潭北極玄天上帝聖像及周邊北極亭等設施於民國八十年動工興建，八十四年底竣工。[23]

（五）左營豐穀宮

左營豐穀宮主祀神農大帝及天上聖母。廟內碑文記載，某次城隍出巡至東門一帶時，突然有信眾捧著一尊神農大帝神像交付，眾人一時不知如何是好，此時元帝廟玄天上帝指示將神農大帝請至元帝廟安奉。後來因信徒有異議，認為一廟

左營豐穀宮。攝影：李橙安

不得同祀二帝，便在豐穀宮現址先搭建建草寮以祀神農大帝。一說此處為一甲中壇元帥廟之舊址。

日治時期，左營地區曾發生嚴重牛瘟，人畜均難以倖免，正當眾人不知所措之際，適逢北港朝天宮天上聖母南巡祈安，奇哉！聖母聖駕所到之處人畜皆不藥而癒，信眾無不嘖嘖稱奇。有感於媽祖靈威，當地居民共議將媽祖留在左營受信眾香火，經扶鸞指示決定由三媽留在左營，並由陳同先生製作三媽令牌與神農大帝一同安奉於樣仔林草寮內。

昭和二十年，日軍太平洋戰事節節敗退，長期受壓抑的社會又再度活絡，信徒提起建廟計畫，馬上就有善信捐地集資，很快就在隔年四月竣工。由於豐穀宮是左營地區戰後第一間重建的廟宇，故又被稱作「新廟」。民國九十六年管理委員會三度動工重建，民國一〇〇年農曆五月二日入火

洲仔清水宮。攝影：李橙安

安座。[24]

（六）洲仔清水宮

洲仔清水宮主祀清水祖師，其確切的肇建年代因缺乏文獻紀錄難以考證，根據地方耆老口述，祖師神像雕刻年代約在劉銘傳興建鐵路那一年。又據廟內沿革記載，約莫在清代時，信眾原本在半屏山麓芋園頭搭建簡易草壇祭祀清水祖師，因日治末期被劃為軍事要塞而被迫搬遷，之後才又有地方人士捐地設壇供信眾祭拜清水祖師迄今。

日治昭和十四年，因實施皇民化運動之故，清水宮遭當局列冊管制，其中二祖師被迫上繳岡山郡。所幸大祖師和福德正神金身被地方耆老藏於隱密之處安奉，才免於上繳之禍。臺灣光復後，地方耆老發起重修庄內之皇民講習所，作為永久奉祀清水祖師之廟堂，以延續清水宮香火。

民國五十五年，清水宮因廟堂老舊配合村里活動中心併案重修，再將宮門轉向西面蓮池潭。民國六十八年，清水宮成立管理委員會，由李新吉先生出任首任主任委員，同時徵得原捐地建廟十一位耆老和其子弟同意，辦妥廟產權登記；民國八十八年，清水宮管理委員會聘黃家恩先生擔任修建委員會主委，統籌重建相關事宜，民國八十九年先舉行入火安座，迨至民國九十一年才正式竣工。[25]

（七）埤仔頭鎮福廟

埤仔頭鎮福廟前身為「鎮福社」，主祀福德正神，為清代鎮守舊城北門之土地公廟。因埤仔頭地處交通要衢，乃海運物資上岸之地，造就其繁榮和發展。按《鳳山縣采訪冊》所載：「一在舊治北郊，縣西北十五里，屋二間（額『鎮福社』），光緒九

埤仔頭鎮福廟。攝影：李橙安

年余令募建。」[26]此係鎮福廟最早的文獻記載。

據廟內碑文記載，鎮福廟共歷四度重修，民國五十年經信徒同意重建為磚造平房，並增建前庭及後殿；民國五十八年鎮福廟受都市計畫開闢勝利路與拓寬埤仔頭街之影響，面臨不得不拆遷之窘境。在地方仕紳四方奔走爭取下，民國七十一年成立鎮福社修建委員會，以興建埤東、埤西、埤北三里聯合活動中心方式將鎮福社遷至活動中心三樓。鎮福社新廟於民國七十二年八月動工，民國七十三年改名鎮福廟，同年農曆八月竣工，農曆九月二日舉行新廟慶成大典。[27]而舊廟則保留於現勝利路與埤仔頭街交叉路口處，與舊城北門、拱辰井同列為國定古蹟。

（八）新莊仔青雲宮

據青雲宮碑文記載，廟內的保生大帝神像是

新莊仔青雲宮。攝影：李橙安

在康熙年間，由桃仔園庄之漁民出海捕魚時所發現的。漁民剛看見神像時，並未加以理會，繼續撒網捕魚，但幾經灑網，收網時卻只見神尊而不見漁獲，接連幾次漁民覺得事有蹊蹺，遂將此神像帶回庄內搭建一簡易草寮奉祀。奇妙的是，奉祀此尊神像之後，漁民出海屢屢滿載而歸。

某日，神尊突然「發爐」，經扶鸞請示，該神像即是醫神「保生大帝」，醫神表示自己與此地有緣，才至該地度化濟世。隨著信眾與日俱增，後來在庄民的倡議下，興建桃仔園青雲宮。昭和十四年，海軍欲擴建左營軍港，將桃仔園劃入軍事要塞，居民被迫遷村四散，廟內神像也難逃此命運，為了讓四散的信徒都能獲得保生大帝庇佑，廟方決議再雕刻三尊副身，分別讓信徒請回新的聚落安奉。開基大祖及二祖及三祖之副身則來到新莊仔，暫奉祀於鍾亞九家中。

民國三十八年，鍾亞九之子鍾金生接替父親奉祀保生大帝之任務，基於保生大帝沒有廟堂讓民眾祭祀，父子倆便積極籌畫建廟之事。經鍾氏和地方仕紳李舍努力，向高雄農會貸款購地，擇於新上街重建青雲宮。民國七十四年擴建；民國七十八年改建為二樓廟殿，一樓市場，並於民國八十一年完工入火安座迄今。[28]

（九）新吉莊北極殿

廍後庄在日治時期被劃作軍事要塞，昭和十五年原居廍後居民陸續遷村至十八埒（新莊仔），廍後北極殿被迫拆毀，大部分神像也被迫上繳岡山郡保管。昭和十五年，原居廍後庄民王牛潮，在廍後北極殿請玄天三上帝、中壇元帥及八仙回至十八埒供庄民祭祀，從此北極玄天三上帝就在新吉莊奠基。

新吉莊北極殿。攝影：李橙安

民國三十八年，王牛潮發起庄民捐款，於現址興建主殿。民國五十三年，時任管理人胡彭向高雄市農會貸款購買土地，又建置東西兩側廂房於新上街八十六號現址。民國五十八年高雄市都市計畫公告將廟前辛亥路拓寬，危及新吉莊北極殿建物。眼看廟宇面臨拆除危機，地方人士極力爭取轉圜空間，終於在努力奔走下，有關單位同意變更計畫內容，將拓寬範圍止於新上街，其後便作為北極殿日後預定地。民國七十五年，新莊仔路拓寬，原廟全數拆除，新吉莊北極殿成立修建委員會。民國七十七年，新吉莊北極殿順利落成，舉行入火安座，並在隔年舉行祈安慶成清醮大典。[29]

（十）內惟鎮安宮

鎮安宮主祀池府千歲與福德正神。相傳乾隆年間，漳泉移民自中國恭請一尊福德正神來至內惟，當時選在前峰尾庄一處搭建茅屋祭祀。待聚落發展成形後，居民提議建廟，擇定東自黃家，西至陳家田共五甲餘土地為祭祀公田，定廟名為神福祠，並選出爐主負責祭祀活動，此為內惟庄最早之聚落信仰。

後因庄內有陳老叔熱情款待來自唐山的江湖術士，術士為答謝陳家，臨走前便將池府千歲贈予陳家奉祀。池府千歲屢現神蹟，民眾嘖嘖稱奇，香火越發旺盛。每逢聖誕，前往陳家為池府千歲祝壽的信徒更是年年增加。在請示神意後，信眾均同意將池府千歲請至神福祠接受眾人香火，原主祀的福德正神也指示主神之位讓予池府王爺，自己則居左側與池府千歲同佑鄉里。

據廟中碑文記載，竹坑巷（現建國里）一帶曾有番仔頭成妖後在地方做亂，池王爺乩身無法獨自將其收服，降駕指示鄉民焚香向西天佛祖請求協助，才順利平定此事。

昭和二年，庄民有感神福祠經長年風侵雨蝕已顯殘破，時任管理人李天輝請來鶯歌地理師勘輿尋覓合適廟址，後擇於今內惟派出所前興建，隔年竣工入廟。民國六十六年九如四路配合政策拓寬，鎮安宮位於道路中央，不得不遷建。順應此勢，當時管理人李存敬及董事長林文益召開信徒大會將神福祠鎮安宮玉虛宮登記為財團法人，並成立修建委員會於民國六十九年動工重建，七十三年農曆十月二十四日入火安座。[30]

（十一）內惟青雲宮

內惟青雲宮和新莊仔青雲宮乃因桃仔園青雲宮拆遷，原廟一分為二所立。昭和十四年日本海軍擴建左營軍港，原居桃仔園居民被迫遷移，一部份遷至十八埒（新莊仔）；另一部份遷至內惟，

內惟青雲宮。攝影：李橙安

其中遷往新莊仔的信徒鍾亞九暫時將廟內所有保生大帝金身供奉於其家中。昭和十七年由遷往內惟的李清誥與蔡福兩位代表，以擲筊方式請保生大帝二祖與三祖回內惟庄供奉。起先將神尊暫時安奉蔡福宅，由蔡福負責平時的祭祀。

民國四十四年，信徒們認為有必要為保生大帝二祖及三祖建廟，內惟庄耆老黃翠先生基於當時只有請回二祖與三祖，獨缺大祖，又發起依新莊仔青雲宮內大祖的形象再雕塑金身，迨廟宇落成後同二祖、三祖入廟安座。因為有這個因緣，內惟青雲宮和新莊仔青雲宮彼此以兄弟廟相稱。民國五十八年八月十四日內惟青雲宮動土重建，歷經三年完成，於民國六十一年入廟舉行慶成大典。目前內惟青雲宮正在重修，故在原廟前另設一鐵皮搭建簡易廟宇安置神像供信徒參拜。[31]

（十二）龍目井龍泉宮

龍目井龍泉宮。攝影：李橙安

龍泉宮位於柴山山腳處，廟宇坐西向東，為登柴山時必經之處。據龍泉宮沿革記載，龍目井開拓之初僅有數十戶居民於此，皆以務農為生，為求心靈寄託，乾隆四十四年在此興建一座福德祠。乾隆四十九年，林安靜攜家眷自福建省泉州府同安縣來臺，並奉請媽祖同行。

林家自定居內惟龍目井後，也將天上聖母安奉家中讓附近庄民膜拜，香火愈趨旺盛。有信徒獲得媽祖指示，欲在此「龍吐甘泉穴」駐駕，可與福德正神同祠供信眾參拜。後林東和先生有感舊福德祠空間狹小，便發動居民捐資擴建廟宇，同時增雕大媽、三媽金身與福德正神同祀，即此也成為龍目井之信仰中心。

昭和四年，庄民林盡忠因經商關係常往返兩岸，一次途經廈門順道前往湄洲請回一尊湄洲媽安奉於廟內。昭和七年林東和先生又發起重修，獲境內民眾響應，同時奉媽祖指示將廟命名為龍泉宮。民國三十六年，張崇發起第三次重修，並新增建兩側廂房；民國八十一年，因建築老舊毀損，董事會經信徒同意，決議成立修建委員會，同年始動工興建，民國八十五年落成舉行慶成五朝祈安清醮大典。[32]

（十三）**覆鼎金保安宮**

覆鼎金保安宮座落於金獅湖畔，背倚獅山面臨金獅湖，保安宮主祀中壇元帥。據廟中沿革所撰，清咸豐年間，先民恭請一尊中壇元帥自此地安奉，惟當時僅以簡陋草茅屋搭建，暫奉太子爺金身供人膜拜。至光緒年間才又改建公厝，命名為保安宮。

戰後，覆鼎金庄里民有感太子爺庇佑其幸免

覆鼎金保安宮。攝影：李橙安

於難，起而響應建廟，推舉黃丁木、陳成通、劉有福、劉明輝、陳溪、鄭竹頭、李勉等地方仕紳成立修建委員會，民國四十一年四月動工，同年十月一日竣工安座。民國五十一年，因結構腐朽整修，境內里民認為有重建之必要，而成立修建委員會，由時任董事長鄭老約任主任委員，於民國七十七年擇於金獅湖畔現址動工興建，歷經十年工期，於民國八十六年完工舉行登龕大典，並於隔年舉行慶成大典。33

14 李橙安，《高雄市左營區鳳邑舊城城隍廟及其十三角落祭祀組織與活動》（高雄市：高雄市文化局，二〇一三年），頁八。

15 鳳邑舊城城隍廟城隍尊神出巡遶境委員會編，《鳳邑舊城城隍廟丙申科城隍尊神暨十三角落境主出巡遶境科儀秩序手冊》（高雄市：鳳邑舊城城隍廟，二〇一六年），頁五。

16 舊城城隍廟十三角落各廟席次一覽表：

廟宇	席次	廟宇	席次
店仔頂慈德宮	4	菜公豐谷宮	1
廍後北極殿	2	左營元帝廟	3
左營豐穀宮	2	洲仔清水宮	1
埤仔頭鎮福廟			

17 左博文、黃進發，〈慈德公廟誌沿革〉，一九七六年立。

18 李橙安，《高雄市左營區鳳邑舊城城隍廟及其十三角落祭祀組織與活動》，頁一二〇—一二三。

19 清．王瑛曾，《重修鳳山縣志》，頁一五二。

20 清．盧德嘉，《鳳山縣采訪冊》，頁一七二。

21 不著撰人，〈廍後北極殿沿革誌〉，二〇〇六年立。

22 清．盧德嘉，《鳳山縣采訪冊》，頁一七二。

23 李橙安，《高雄市左營區鳳邑舊城城隍廟及其十三角落祭祀組織與活動》，頁九二—九五。

24 不著撰人，〈左營豐穀宮沿革〉，二〇〇七年立。

25 不著撰人，〈鳳邑萬年洲仔清水宮奉祀沿革〉，二〇〇〇年立。

26 清．盧德嘉，《鳳山縣采訪冊》，頁一八八。

27 不著撰人，〈左營區埤子頭鎮福廟沿革〉，一九八四年立。

28 不著撰人，〈新莊青雲宮沿革〉，一九九二立。

29 不著撰人，〈新吉莊北極殿沿革誌〉，一九八八年立。

30 不著撰人，〈內惟神福祠鎮安宮玉虛宮重建落成及開基沿革碑〉，一九八八年立。

31 李橙安，《高雄市左營區鳳邑舊城城隍廟及其十三角落祭祀組織與活動》，頁八二—八五。

32 不著撰人，〈龍目井龍泉宮沿革誌銘〉，立碑年代不詳。

33 不著撰人，〈覆鼎金保安宮沿革〉，二〇〇八年立。

參

鳳邑舊城城隍出巡與市定民俗

一 日治時期由官方與民間共同催生之城隍出巡

鳳山縣自乾隆五十三年遷治、嘉慶七年建新城城隍廟後，除咸豐六年之重建外，舊城城隍廟的相關記載鮮少出現於文獻中，一直到日治時期才有文字記錄可供爬梳，因此清末有關城隍廟運作及發展情況較不為人所知。不過，根據《臺灣日日新報》大致可勾勒城隍廟自清末以降至大正年間的信仰狀態，尤其是城隍出巡。大正七年六月七日的〈赤崁特訊〉云：

迎城隍爺：臺南廳下舊城，前清時代，置鳳山縣於其中，本為熱鬧之區，自縣衙移轉鳳山，遂自凌替，改隸後暫就振興，該地原祀城隍爺以為境主，香火素盛，例年於五月中不過連日演劇，慶著神誕而已，而於迎神賽會則未也。該區區長鄭新芬氏，在臺南竹仔街開張源利雜貨店，有鑒於數年迎鎮南媽祖，號召四方觀客，商況因之大振，故此次出為提倡，域舉行城隍繞境振興地方，已定舊曆五月十三日舉行，目下或匠心運意裝飾藝閣，或聚精凝神，點綴故事，又必分團角勝各逞其技，各奏爾能，屆時躍事增華、爭奇鬪巧，其繁榮景象，必大有可觀云。[34]

據報導所稱，大正七年以前，舊城城隍廟未有迎神活動，僅有為城隍賀壽的戲劇演出，然而時任左營區長的鄭新芬，有感舊城地區自鳳山縣治遷移之後發展停滯，也因他經商的關係，知悉臺南祀典大天后宮迎之媽祖，可藉由迎神賽會之舉行振興商況，乃興起仿效之意念。

鄭新芬除了是左營區長，更是日治時期首次辦理「舊城城隍出巡」的發起人，促成此事不僅可藉由宗教活動吸引人潮、拉攏民心、提高自己聲望，又能為經商的鄭氏帶來正面影響。35

值得關注的是，迎城隍一事，係為仿效府城迎鎮南媽祖，而迎鎮南媽祖在當時是何種盛況，令鄭新芬起了仿效之心呢？大正四年，北港朝天宮改以「糖郊媽」代替三媽南下府城，而原北港三媽卻同時被請往鹽水遶境，此事爆發後，引來府城商紳與大眾不滿，石學文乃藉北港三媽發爐之機，由眾人（聯境）集資，委請府城佛西國仿造北港三媽，雕塑一尊媽祖，並依「神意」取其「永鎮臺南府城」之意，稱為「鎮南天上聖母」，俗稱「鎮南媽」。自此，大天后宮「鎮南天上聖母」，便完全取代北港三媽，出巡遶境府城，延續「府城迓媽祖」的傳統。

而鎮南媽除了每年固定遶境府城之外，顯赫的神威也經常受到其他地區信眾的青睞，爭相迎請。《臺灣日日新報》報導，鎮南媽最北曾蒞臨今基隆慶安宮、大稻埕霞海城隍廟、大龍峒保安宮、新港奉天宮、歸仁北里、彌濃庄、下營庄，而最南則到阿緱（今屏東）等地。所到之處，可謂颳起陣陣「鎮南媽旋風」。而這些迎請的公廟，每逢府城迓媽祖慶典時，亦禮尚往來，不遠千里前來慶讚，如《臺灣日日新報》大正九年五月三日〈保生大帝南遊〉：

臺北大龍峒保安宮保生大帝。此次因臺南大天后舉行紀念祭典。其董事許廷光外七氏。具東經米商宋玉成君到保安宮。恭請保生大帝聖駕到南遊境。宮之管理董事諸氏。以百餘年前。保安官甫成。二帝係由白礁經由臺南而到臺北入廟。沿道地方人民迎接。此次大帝南遊。實為初次。必不可草々從事。致失誠敬。爰開臨時會議。派員隨神駕到南。

大正九年五月三日〈霞海城隍南遊〉：

大稻埕城隍廟霞海城隍。此次臺南大天后宮紀念祭典。亦于二日夜由臺北驛。同保安宮保生大帝。乘車南下遊境。城隍靈應。南部信仰者甚多云。

鎮南媽遶境除了延續延續北港媽祖南下府城遶境的「信仰傳統」，也頗具帶動商業發展的功能。除了本地商家直接受益外，更吸引全臺外地商行（商會）前來「共襄盛舉」，如《臺灣日日新報》大正十三年四月二十一日〈附設景品〉：

新竹街北門瑞記製襪商。去十八日乘臺南媽祖賽會之機。來南設臨時出張所販賣。減價一割。

又豫購煙火三十發。內藏景品引換券二種。一紙碑。一旗仔連紅貢條。在當市爆發。有拾法蓋印紙牌。可換襪一雙。有拾得蓋印紅貢條。可換襪半打。場所在市內竹仔街。自十七日起。販賣三日云。

上述資料顯示，「府城鎮南媽信仰」在日治時期，經由府城仕紳、商會的扶持及信眾對其神威宣揚等多方因素結合下，一度使得「鎮南媽」成為當時足以與「北港媽祖」分庭抗禮的臺人信仰神祇之一，而鎮南媽踏遍臺灣西部每個角落，其留下的足跡與北港媽祖相比有過之而無不及。

在府城流傳著一句俗諺：「府城迎媽祖，百百旗」，正說明商郊迎鎮南媽祖的情況，各商店隊伍特意展現自己的旗幟以為宣傳，招募生意。

不只府城內的商號熱衷迎媽祖，各地商號也以其在地廟宇為號召，至府城參與迎媽祖之活動，可見這場廟會的商機，遠非今日的你我可以想像。地方民眾不僅組團至府城參與盛會，更有甚者，至大天后宮迎請鎮南媽祖到地方敬奉，可見鎮南媽聲名遠播。如昔日的蕃薯寮（旗山），大正五年四月九日《臺灣日日新報》有所報導：

臺南大天后宮天上聖母，赫聲濯靈，阿緱、蕃薯蔡方面人民，尤為信仰……因去年新塑三媽神像一座，自開光至入神後，幾次示異於人……蕃薯蔡在住人民，將於陰曆三月六日，來迎請鎮南聖母，往彼地敬奉，擬攀駕一個月……現在主事人正與區長、保正等協議，只准其迎請，或者二禮拜，須送聖母回南云。[36]

當時旗山居民認為迎請鎮南媽祖，可使當地有所發展，而鄭新芬的源利雜貨店位於府城，其中細故便可直接掌握。他見到迎鎮南媽祖的活動竟可以如此活絡經濟，尋思或許可以利用廟會讓衰退的舊城地區重新復甦。當然舊城城隍廟及謝耀麟背後所掌握的地方仕紳關係，更是鄭新芬選擇舊城城隍廟做為辦理迎神賽會主要考量的因素之一。

廟
隍
城

舊城城隍出巡的科期與內涵

（一）舊城城隍出巡

誠如前述，舊城「迎城隍」在日治時期是官方與民間共同催生的活動，期望藉此活動振興地區經濟。從相關歷史文獻中，不乏見於大正初年，全臺各地如火如荼地舉辦迎神賽會，泰半與活絡地方經濟有關，這些活動彼此之間相互學習仿效的情況也層出不窮。由於這項活動目前僅在《臺灣日日新報》有明確紀錄，諸篇報導所見的「迎城隍」、「迎神」等都是這項活動的主要指稱，對應到當前舊城地區民眾以「出巡」指涉這項活動，甚或近二十年更發展出「代天巡狩」的思維，其中的變化乃受到高雄地區在信仰風俗牽引。總體言之，「舊城城隍出巡」應從高雄地區的「科期」和「代天巡狩」這兩項信仰風俗的脈絡去理解。

在臺灣民間最常見的廟會活動有二，一是聚落神祇巡視所屬聚落，稱之「遶境」或「巡（云）庄」。「遶境」這個語彙，根據蔡相煇與吳永猛在《臺灣民間信仰》的說法，即是神明出巡，旨在驅邪納福、保境安民。[37] 林茂賢也提出，「遶境」指神明定期巡視轄區，以安定人心、驅逐邪煞，這是神明的「例行性任務」。[38] 因此，「遶境」最直接的解釋，即是神明巡視轄區。

其次，有關「進香」的定義，黃美英認為是廟方或團體或個人前往外地的神前焚香參拜，[39] 但這樣的說法似乎與現今所認知的「進香」較有落差。若依林美容的定義則甚是廣泛，刈香（火）、遊境、會香等均屬進香範疇。[40] 而吳永猛則認為，進香在民間信仰中有兩種層次的意義，「刈香」是指人對神明香火的乞求；「刈火」則係神與神之間香火的乞求，[41]可見單就「進香」一詞即有不同層次的意涵，而高雄地區普遍認為進香乃是「謁祖進香」，即是分靈廟回祖廟刈取香火。

遶境與進香在高雄地區亦是極為普遍的廟會活動，除此二者，「刈水香」、「代天巡狩」等迎神活動也很常見，而這兩類則集中在高雄沿海平原一帶。[42]「刈水香」在高雄是指「招軍買馬」之意，稱呼水香，乃因刈火地點皆在沿海沙灘，刈火之日前得先設立招軍壇、豎招軍旗，以示廣招無主孤魂投效神祇麾下，編入五營帳下，從而轉穢為淨，協助神祇綏靖地方、保境安民；「代天巡狩」則是仿效明代以降的「巡按制度」，原係代天子巡視地方，而此信仰方俗乃指「代天（玉）帝巡狩地方」（此信仰風俗將於後文深入討論，此不贅述）。一般而言，不管謁祖進香、刈水香、代天巡狩均係前往他處完成儀式內涵，但也都必須在回到聚落之時進行遶境，在這樣的情況下，也常被人以為任何迎神都是遶境或「巡庄」。

臺灣南部甚重「境域」觀念，通常以聚落或村落為境域之範圍，守護境域之神即稱之為「境主公」。吳瀛濤在《臺灣民俗》言：

境主公：鎮守廟境之神，或以為鎮守寺廟所管轄的範圍之土地守護神，惟其來歷不明，或謂祀人魂，或謂是假想之神格。[43]

所謂「境」係指以村落、庄頭、聚落為範圍，「境主」則是指這個範圍內居民共同信仰的神祇。換言之，聚落廟宇可以有很多座，但境主廟就只有一個。聚落內其他廟宇主神位階皆不及境主，僅能算是聚落內的角頭廟宇，而居住在「境內」的居民亦可稱為「境民」或「境眾」。準此，守護當境之神，巡視其轄區乃是自然且必須之事。

遶境乃聚落神祇的職責，因此不需向上蒼（玉帝）請旨，但刈水香、代天巡狩則需上蒼旨意才能舉行。有些廟宇在慎重其事的原則下，即使是謁祖進香也會向上蒼請旨，這反映了民眾思維，認為聚落神祇若出轄區，沒有玉帝旨意就無法執行公務。由此觀之，刈水香等儀式活動乃是神祇執行公務的範疇，能否舉辦仰仗上蒼降下玉旨，故玉旨即是執行的憑證。這些公務乃上蒼所交付的任務，需要神祇與信眾合力完成。

（二）科期

上蒼所交付的「任務」，無論是刈水香或代

天巡狩，在高雄地區以「科事」[44]稱之，科事舉行的日期則稱為「科期」。然而高雄地區關於「科期」，諸多廟宇各有其傳統，並無固定舉行的週期，而是需要得到神祇指示，常以「發爐」、「立筊」表現，在神祇這樣展現神蹟的前提下，信眾才能進一步「請示」發爐、立筊所為何事。

科期能否成形，除了神祇展現其神蹟外，主要也仰賴廟宇主事與地方信眾的配合，科期的成形通常須經三個階段：第一階段，如前所述，必須有神蹟，或發爐，或立筊。有了神蹟展現，廟方才進行第二階段，請示發爐、立筊所為何事。

不過，在請示後，廟方也有可能「推諉」來拖延神祇指示，這應是存在兩種不同的心態，首先係廟方或許顧慮執行或經費等問題[45]，因而推辭神祇之意；其次，是深怕信徒誤認廟宇執事胡為，希冀神祇能再多顯神蹟，屆時再進入第三階段的再度請示。因此，高雄地區常可見到許多廟宇雖已進入第二階段，卻以言辭推諉神靈之意。

但是若進入第三階段，則表示已無法推諉，就會在第三階段的再度請示之時，委請法師與神祇對話。於此之際會確認帶旨（欽差）官是否已帶玉旨前來，並詢問他任務為何，還有進行的時間、地點、範圍，由廟中哪位神祇掛主帥銜，有無派其他官職，由哪些廟宇主神擔任，任務完成為至聚落要怎麼遶境……等細節。待一一確認之後，廟方執事即必須進行籌備。

只要進入第二「請示」階段，廟方會以乩童、手轎、四駕等扶乩（輦）的形式請示神祇，更加慎重其事者會在此階段就請出「八檯」。[46]並委以法師前來主事請示。委請法師乃因神祇的科期需以小法科儀做配合，在某些情況下，藉由神祇與法師的對話，可讓法師為科期之事預作準備，故而法師在科期的角色極其重要。

依此，科期風俗在高雄是有一定的程序，廟宇執事人員無法單方面恣意作為，若無神祇指示，並不能取信聚落，而神祇常現神蹟，也是為使廟方執事與聚落民眾能一起合力完成上蒼交付之任務。再者，據上述之流程也可知悉，科期對於高雄沿海平原地區民眾而言，存在著與他地不同的信仰思維，藉由這些程序凸顯科期風俗的文化意涵。

（三）代天巡狩

「巡狩」係古代帝王巡視諸侯的制度。《孟子．告子》云：「天子適諸侯曰巡狩，諸侯朝天子曰述職。」[47]但天子不可能常親身出巡，故而逐漸形成「代天子巡狩」的制度。據《明史》職官志所載：

巡按則代天子巡狩，所按籓服大臣、府州縣官諸考察，舉劾尤專，大事裁奏，小事立斷。按臨所至，必先審錄罪囚，吊刷案卷，有故出入者理辯之。諸祭祀壇場，省其牆宇祭器。存恤孤老，巡視倉庫，查算錢糧，勉勵學校，表揚善類，翦除豪蠹，以正風俗，振綱紀。凡朝會糾儀，祭祀監禮。[48]

明代以巡按做為「代天子巡狩」制度之官職，其職責在於考察諸侯國內的臣下，以及各府州縣之官員，考察目的係糾舉官員是否貪瀆，也著重官員在理案上有無疏失。此外，也代表天子進行祭祀、存恤、表揚、除惡等事。

「代天巡狩」轉化為信仰上的一種風俗，臺灣民間信仰中仍反覆實踐這樣的規儀。一般認為，臺灣許多代天巡狩的儀式均與「王爺信仰」有密切關聯，諸如「迎王」、「請王」、「迎客王」、「請代巡」，甚或臺南地區的「王醮」亦然。不過，根據洪瑩發的觀察，代天巡狩並不與王爺信仰劃上等號。[49]在高雄沿海平原地區常可見非王爺神者代天巡狩，如梓官通安宮廣澤尊王、楠梓天后宮天上聖母、大社青雲宮神農大帝等均有巡狩記錄，甚至不止一次，只是不一定會以「代天巡狩」做稱，而是常以巡狩地區的南北位置指稱，若範圍在該廟南部即稱「南巡」，在該廟北部即稱「北巡」或「北狩」。以本文討論的鳳邑舊城城隍出巡巡狩來看，左營舊城一帶及其十三角落對於城隍爺可以擔任「代天巡狩」一職，就能了解到並不是只有王爺才能代天巡狩。

臺灣中南部的代天巡狩風俗，大致上是以迎請為主流，例如屏東東港、臺南西港、安定、佳里等地均如此。而彰化鹿港地區除了迎請代巡外，更有廟中王爺奉旨出外地代巡，故而有「送春糧」

及「送存糧」的儀式。中南部的迎王儀式，除了會聘請道士建醮，也會由地方籌組禮生團體，進行祭祀千歲爺的儀式。李豐楙認為這類儀式最早由福州開始，並以該地做為傳播的中心，地方社會的儒士階層，將非官方祀典的民間信仰，透過王朝以儒家為主流的「禮儀」改造民間信俗，儀式上也融合道教的科儀制度。[50]

反觀高雄沿海平原地區，雖然也有上述的信仰及儀式型態，但最為主流者，卻非迎請代天巡狩，而是廟中主神接玉詔奉旨出巡，相關的儀式誠如上述的科期風俗。在高雄，巡狩又有「出巡」與「巡掃」兩種不同型態，出巡旨在巡察地方；巡掃除了巡察外，更派「油鼎」翦除魑魅，通常是從晚間展開。

鳳邑舊城城隍的代天巡狩即是接玉詔奉旨代巡，且屬「出巡」範疇，乃奉旨代天巡察地方。

一般按高雄習俗，神祇掛主帥任代天巡狩者，在出發時辰前其神轎必須與先鋒官、保駕官等神轎一同在廟前靜待。法師敲打鑼鼓，口誦咒文，懇請神祇之靈降落八檯。當八檯搖晃越發激烈，意謂神祇坐落越穩，出巡行伍能否出發，均看主帥八檯是否推著轎班往外衝。若往外衝，代天巡狩的活動即算揭開。不過，舊城城隍並非依循此例，乃有先鋒官神轎代表，出發前也不在廟埕「觀八檯」，[51]反而是舉行出發團拜。

普遍來說，代天巡狩不會在一日之內結束。因為巡狩範圍通常會跨地域在好幾個村庄進行，顧慮行進休息與相關事宜，會在每日晚間安排行營駐駕。行營地點也在籌備期間就已安排好，以往舊城城隍廟設置行營時均以方便為要，直接使用駐駕廟宇的內部空間，丙申科則改為在廟外搭建處所。

設置行營是為了騰出空間，讓代天巡狩能燮理陰陽，故而生人、亡魂均可投告申冤。雖可投告申冤，但並不設置放告牌，這符合民眾心理，認為「無形之事，無形理之」。無形之事，不會因為陽人無設置放告牌，代天巡狩就沒有辦法燮陰禮陽。然而，舊城城隍廟為凸顯代天巡狩的職能，在丙申科除多設放告牌外，亦張貼大小榜文布達，且另設置陰陽司壇，目的在讓投告者先向陰陽司登錄，待城隍巡狩圓滿後，再另案處理。

由此可見，舊城城隍的出巡，基本上維持了高雄沿海平原地區的代天巡狩風俗之精神，丙申科則是增添了新的元素。若按巡狩風俗的本質與觀念來講，並不能說這是錯的行為，只是將原本認為「無形」的思維，藉由「有形」加以凸顯而已。只是，在觀念變化過程中，似可注意這些改變，會不會影響到代天巡狩風俗及其精神。

二　丙申科舊城城隍出巡主要儀式與陣頭

（一）出巡主要儀式

1 置天臺

自民國八十六年起至一〇〇年，舊城城隍廟約三至四年會舉辦一次出巡。廟方表示，丙申科出巡乃基於信眾要求，希望城隍爺向上蒼請旨，到地方巡狩，綏靖地方。廟方與信眾達成共識後，便會在廟埕設置天臺三天，是為第一次置天臺，確定城隍爺領旨之後才會進行後續的籌備工作。出巡前的籌備過程中，共有兩次置天臺，第二次置天臺為出巡前一天晚上拜天公，請玉帝納鑒及迎接欽差官攜玉旨降臨，同時有祈求玉帝降祥賜福之意。

置天臺擲筊。攝影：劉佳雰

法師開營。攝影：邱延洲

2 開營

出巡的前一天晚上，舊城城隍廟會請來道士、法師調請五營兵將，跟隨主帥一同出巡遶境，抵擋沿路可能遭遇的各種邪祟，讓整個活動平安完成。此儀式除了在出巡前一天晚上舉行外，遶境期間，每天起駕前均會由法師在前晚駐駕的臨時行宮前舉行開營儀式。據舊城城隍廟法師李錦斌先生表示，開營儀式除了召請五營軍兵外，另有祝白科儀、開光令旗、令牌與拜天公等三個儀式：

(1) 祝白儀式：邀請眾神降臨，並告知眾神出巡遶境事宜。

(2) 開光令旗、令牌：由道士念咒開光為新製作令旗、令牌開光點眼，藉此賦予令旗、令牌靈力。此程序並非每次都有，只在製作新令旗或令牌時舉行。

(3) 拜天公：法師領著眾頭人於廟埕搭建天臺前焚

請先鋒令上馬。攝影：劉佳雰

香祭拜，祈求玉帝納鑒及欽差官降臨壇前，誦完疏文後，主委擲出聖筊，代表有受到玉帝納鑒降福；欽差官也已經攜玉旨來到。

3 請先鋒官登轎、王令上馬

出巡當天早晨，廟方工作人員在廟內焚香稟告之後，隨即迎請擔任本科先鋒官的內惟鎮安宮池府千歲三王，並將象徵其職務的先鋒令、先鋒印和先鋒劍分別請上王馬和神轎。隨後城隍廟委員等人捧著玉旨、帥印、大令、二令、三令及五營旗一一請上王馬。

4 起駕團拜儀式

出巡當天早上，由舊城城隍廟廟內委員、十三角落長老及各級長官率領參加的信眾及工作人員在廟前廣場團拜，恭讀起駕祝文。祝文內容

起駕團拜儀式。攝影：劉佳雰

不但是告知起駕訊息，同時也藉此向所有參與遶境的公廟表達謝意，盼眾神能夠賜福地方，祈求平安。之後由市長將尚方寶劍請上城隍爺神轎，轎班就位，司儀會請現場所有陣頭敲鑼打鼓。頓時鑼鼓喧天，十二進士班「唱班」，提振現場氣氛，開始進行為期六天的遶境。

5 放告

古時衙門會定期掛出「放告牌」表示接受民眾伸冤陳情，舊城城隍出巡時放告也具同樣意義，表示城隍到此接受本地冤魂伸冤。舊城城隍放告時會張貼大榜與小榜兩張榜文，大榜以紅紙書寫，張貼在每日駐駕宮廟前；小榜則以白紙書寫，每日待陰陽司公神轎抵達駐駕宮廟時，由法師舉行放告儀式後張貼於陰陽司公專屬的臨時行宮外。值得注意的是，張貼大、小榜在過往的出巡活動

放告。攝影：邱延洲

中皆未有過，為丙申科新增的內容。榜文係由法師李錦斌撰寫兩份底稿，經由執事委員討論修改，再請示神意，從其中挑選出遶境時張貼的版本。

6 行轅安營

每天遶境行程結束，舊城城隍廟城隍爺、福德正神、註生娘娘陰來到當天駐駕的宮廟，會於廟前搭建的臨時行轅駐駕；陰陽司公則是在一旁獨立的臨時行轅駐駕。有別於過去進到廟內駐駕，這是以往未曾有過的做法。這是由廟務組長張慈全先生在委員會中提出。他認為過往神尊進到廟內駐駕，會使冤魂無法順利向城隍遞狀申冤，乃提議改採在臨時行轅駐駕的方式。駐駕之後法師隨即開始執行安營儀式，調請兵將隨主帥駐紮於此，維護秩序，避免邪祟趁機作亂。

法師安營。攝影：劉佳雰

7 繳《登冊造錄》至城隍案前

舊城城隍為期六天五夜的出巡，每日一早在法師開營放兵前，城隍廟執事人員於陰陽公案桌前焚香稟告，告知前晚登冊造錄結束，也就是放告受理時間截止，不再接受冤魂伸冤陳情，並將前一晚的登冊繳至城隍爺案桌，讓城隍爺帶回審理。登冊造錄可以陰陽司的登記簿解釋，當每晚放告後四方冤魂至陰陽司案前報案，陰陽司便將這些冤魂登記在登冊中，隔天一早，放告結束，再由廟方將登冊上繳城隍爺。

8 焚送《登冊造錄》

《登冊造錄》係陰陽司於出巡期間每晚放告登記冊，記錄著所有來投告冤魂名單。跟陽間的制度對照來看，《登冊造錄》就如同狀紙，投訴之後必有懲處，也必定會損及某些人之權益。為

回廟安座。攝影：劉佳雰

避免亡魂作亂，出巡最後一天，城隍爺神轎進到廟內，就由謝、范將軍押著出巡六天放告時陰陽司所有登冊造錄來到廟外焚化，將這六天所有登冊造錄全數繳給城隍爺，待城隍爺日後逐一審理，以維護陰間秩序。

9 回廟安座

回廟當晚，在城隍爺尚未入廟之前，早先回廟的註生娘娘、福德正神、先鋒官神轎及東港東福殿二十四司皆在廟埕等候主帥，城隍神轎一進到廟內，工作人員便將其神轎拆卸，將城隍爺請回內殿，法師隨即誦經舉行安座典禮。至於舊城城隍廟城隍爺回駕及安座時間並不固定，通常以不超過當晚十一點（子時）為宜。

送欽差官回天繳旨。攝影：邱延洲

10 送欽差官回天繳旨

欽差官又稱「帶旨官」，指負責攜玉令降臨之神祇，出巡前一天置天臺，除了有祈求玉帝降祥賜福之用意外，另外是為迎請欽差官降臨。欽差官通常沒有實際形象，出巡期間，用一張寫有「欽差官」字樣的紙製令牌代表其神位，並安於王馬上與眾神一同出巡遶境。城隍爺安座之後，在法師引領下將欽差官香位與金紙焚化，恭送欽差官回天繳旨述職。

（二）駕前儀仗及陣頭

神明出巡時，經常可見神轎前有各式陣頭或儀仗，這不僅是為了增添熱鬧氣氛。廟會活動中的各種陣頭都具備不同的功能與獨特意義。據舊城城隍廟廟方表示，丙申科城隍遶境出巡時，為降低陣頭重疊性，增加豐富度，十三角落各公廟

的陣頭並非由各廟自行聘請，而是由舊城城隍廟統一聘請之後再分配予各廟，大幅降低廟宇對聘請陣頭一事主導性。不過可以看到，十三角落中如元帝廟、店仔頂慈德宮，分別還保有了屬於自己的宋江陣及水牛陣，以下分別介紹城隍廟神尊駕前的儀仗和陣頭：

1 十二進士班

十二進士是仿造古時衙門編制而來的，由十二位身穿黑袍人員或背或持著火籤、大刀、鍊枷、夾枷、藤條及板枷，舊城城隍廟十二進士班前又另有哨角、馬頭鑼。不論是十二進士抑或者是哨角馬頭鑼，皆是藉著裝扮和其具震撼力來掃除不淨，為主帥開路。

2 執事牌

舊城城隍出巡時使用的執事牌共有三對，分別寫著「肅靜」、「迴避」、及主神「舊城敕封顯佑伯」字樣，平時擺放在廟內兩側。此儀仗行伍，係由古代官員出巡時，轎前之旗牌演變而來，從前是為了讓民眾在遠方就能得知前有官員到來，替官員開路，警告閒雜人等速速迴避，莫來搗亂。現代意義與古時相去不遠，主角則從官員轉化成神祇，各地神明出巡也可常見到此類儀仗隊伍。

3 謝、范將軍

謝、范將軍與文武判官、日夜巡官相同，為城隍爺的駕前一對部將。平時謝、范將軍神將就安奉於正殿兩側供信眾膜拜，出巡時祂們則走在城隍爺轎前擔任護衛工作。此外，沿途可見二位將軍持虎牌與火籤替民眾「祭改」，更有許多民

眾爭相索取祂們身上的平安餅，希望藉此能獲得將軍和城隍爺的庇佑。

4 **水牛陣**

水牛陣乃是店仔頂慈德宮之陣頭，係由舊城城隍廟向慈德宮聘請，作廟內福德正神駕前的陣頭。水牛陣與赤牛（黃牛）陣皆屬「鬥牛陣」，差異在於，水牛陣多屬業餘的「庄頭陣」（慈德宮水牛陣即是一例），而赤牛陣則多半為職業陣頭。鬥牛陣表演內容大致是以兩個牧童牽牛吃草，突然兩頭牛打鬥起來為主軸，最後連兩位牧童也捲入這場混戰中，一陣混亂後才又握手言和，牽著牛隻各自離開，可說是趣味性極高的陣頭。

5
滿路香

滿路香是由婦女挑著花擔，花擔常以鮮花、人造花、金蔥等物件裝飾。最主要的是，花擔中裝有檀香薰爐沿途燃燒，民間普遍認為焚燒檀香有掃淨的作用，故滿路香經常被安排在轎子前方，作為替神明淨路的行伍。

6
十二婆姐陣

舊城城隍廟十二婆姐陣乃是註生娘娘駕前的陣頭，係於民國九十七年時由一群女性志工所組成。她們臉戴面具，一手持紙傘，一手持羽扇，在行列中十分顯眼。除註生娘娘外，十二婆姐也常是臨水夫人駕前的陣頭，註生娘娘和臨水夫人雖在職能上稍有不同，不過普遍被視為女性及嬰幼兒的守護神，因此在出巡遶境時，常見到家長帶著小孩或一家老小排隊讓十二婆姐以手中法器

「祭改」的畫面。

7 **長老組**

長老，又稱「老大（láu-tuā）」，指年長且有聲望地位之耆老。舊城城隍出巡時，行於路關牌之後，三輪車上載著的身穿長老服（長袍馬褂），頭戴長老帽隊伍，即是長老組。長老組由十三角落各推派兩位長老參加，長老並非人人皆有資格擔任，除了得在該庄常任廟務要職，重要的是，必須是已經當上祖父及外祖父之人。這意味著生命歷練豐富，是兼具智慧與福祿的好命人，才有條件獲選為該角落長老。

8 **其他**

遶境最後兩天，主帥城隍駕前又多了數團陣頭，除有信徒贊助臺中明梨園及振梨園兩團北

管陣頭外，另又有東港東福殿二十四司及東隆宮大漢樂團兩團陣頭。東港東福殿祖廟為鳳山城隍廟，舊城城隍廟於民國九十七年時曾辦理「新、舊城雙城會」，推測兩廟就此結緣，因此東港東福殿二十四司前來參與舊城城隍廟丙申科出巡遶境盛事。

以下再以東福殿二十四司及東隆宮大漢樂團做介紹：

(1)二十四司

城隍廟除了常見謝、范將軍；文武判官；日夜巡神……等職，往往也設有各部司官。每間城隍廟不盡相同，有六司、八司、二十四司不等的配置，不過皆與審善惡、辦陰陽有關。東福殿二十四司臉譜及扮相均相當精緻，不但吸引許多信眾目光，沿途也可見到有不少民眾依序排隊讓二十四司「祭改」。

(2)東隆宮大漢樂團

東港東隆宮除了以三年一科東港迎王平安祭典著名外，其大漢樂團也頗負盛名，演奏內容包含北管、廣東樂及現代國樂。與東福殿二十四司相同，係於最後兩天加入城隍爺駕前陣頭，為整體遶境活動增添許多風采。

三　市定民俗的登錄與形塑歷程

舊城城隍在日治時期的最後一次迎神賽會是昭和四年。這是因為受到皇民化運動影響而稍有歇息，接連發生的太平洋戰爭也不利民間迎神活動的舉辦。民國三十九年復辦城隍出巡，可見地方民眾對於這項信仰民俗活動，有強烈的認同意識，才可能在戰後不久恢復辦理，後於民國四十七、五十八、六十、六十六年均有辦理城隍出巡。從這樣的辦理時間來看，這項民俗應未形成定期舉辦的機制。按廟方所言，這個時期城隍是否出巡，均以神意決定，故舉辦時程為不定期，以致中間停辦了二十餘年之久，至民國八十六年，才又因某一位老信徒擲出「立筊」而復辦，此後管理委員會決議每三年舉辦一次城隍出巡。

三年一次模式的決定，主要依循舊城城隍

軟身城隍。攝影：劉佳雰。

廟管理委員會任期辦理，只是民國一〇〇年後至一〇五年期間中斷一次。在出巡路線與範圍，早期僅在舊城地區而已，民國八十六年擴及梓官、燕巢、橋頭、大社、仁武等地區。準此，舊城城隍出巡的活動型態，在每次的辦理均有變動。民國一〇七年九月十日，鳳邑舊城城隍出巡由高雄市政府公告登錄為高雄市民俗，我們有必要進一步梳理其文化資產形塑脈絡，以深入了解此文化資產價值。

民國一〇五年底，舊城城隍廟辦理出巡前夕，委請本書作者之一的李橙安撰寫提報為高雄市民俗，於民國一〇五年十二月二十日正式提報。

舊城城隍廟有著強烈的意向，欲使這項活動能啟動文化資產行政的相關措施，但擔心自己內部無法有效呈現提報內容，遂委請李橙安協助。

十二長老坐三輪車。攝影：劉佳雰。

該提報表以整體民俗的角度，將淵源、儀式特徵，撰寫的相當詳盡，有利於後續訪視時，作為委員們的參考基礎，在名稱方面乃擬定「鳳邑舊城城隍廟城隍出巡遶境」。除此之外，提報表中也提醒，在傳統藝陣方面，因時代演變之故，諸多藝陣被職業性陣頭取代，期望藉由登錄民俗，燃起大眾對寺廟文化傳承的信心。[52]

業務機關「高雄市立歷史博物館」接獲提報後，即啟動邀集委員現場訪查，以及委託本書作者之一的邱延洲進行基礎性調查及文獻整理。有關現場訪查的委員則邀集黃文博、戴文鋒、李文環、謝貴文等專家學者。[53]

四位委員的訪查意見，唯有李文環教授趨向不提送登錄審議[54]，其餘三位委員均認定「十三角落」在舊城城隍廟與這項民俗的運作有著極重要的角色。最後按訪查會議的結論，係以提送傳

自問心大算盤。攝影：劉佳雰。

統藝術民俗及有關文物審議會審議。

民國一〇七年七月六日，「鳳邑舊城城隍出巡」排入無形文化資產的審議會，諸委員[55]一致通過登錄高雄市民俗，其登錄理由為：

1、鳳邑舊城城隍出巡最早在日本大正七年即有相關紀錄，目前居民仍持續進行，互動參與度極高。符合「民俗登錄認定及廢止容查辦法」第二條第一款登錄基準「民問高度認同，並持續自主、自發參與」。

2、出巡遶境活動彰顯鳳邑舊城城隍廟的傳統信仰與興隆內外里十三角落相互連結的地方性，鳳邑舊城城隍廟管理委員會即由這十三角落公廟共同籌組，民俗活動與地方人民生活緊密結合，符合「民俗登錄認定及廢止審查辦法」第二條第二款登錄基準「顯著反映族群或地方社會生活及文

路關牌。攝影：劉佳雰。

化之特色」。

3、城隍出巡前的開營、接旨，香陣中的路關牌交接、長老坐三輪車、自問心大算盤、軟身城隍、點心旗（梓官區茄苳坑）及在地自組陣頭（宋江獅陣、十二婆姐陣）等等，具在地特色。符合「民俗登錄認定及廢止審查辦法」第二條第三款登錄基準「其表現形式及實踐仍保留一定之傳統方式」。[56]

綜觀以上敘述，「鳳邑舊城城隍出巡」的文化資產價值，乃在舊城城隍廟的管理組織乃興隆內外里十三角落各公廟籌組，而參與的機制則為一同籌辦該項民俗，以及各自廟宇儘量維持自籌陣頭的形態，是這項民俗活動的特色。可見民間的參與互動程度極高，與地方社會緊密連結，也凝聚了地方民眾，才能形成這樣的情況。

34 不著撰人，〈赤崁特訊〉，《臺灣日日新報》，一九一八年六月七日，六版。

35 〈中央研究院近代史研究所近現代人物資訊整合系統〉：http://mhdb.mh.sinica.edu.tw/mhpeople/result.php?peopleId=cydrodgdnedznrd，檢索日期：二〇一八年二月二十日。

36 不著撰人，〈迎請聖母〉，《臺灣日日新報》，一九一六年四月九日，日刊六版。

37 蔡相煇、吳永猛編著，《臺灣民間信仰》（臺北：國立空中大學，二〇〇一年），頁二〇〇。

38 林茂賢，〈苦行還願謝神恩——媽祖遶境進香〉，《新活水》（第一〇期，二〇〇七年一月），頁四四—五一。

39 黃美英，《臺灣媽祖的香火與儀式》（臺北：自立晚報出版部，一九九四年），頁四四。

40 據林美容指，「刈香（火）」：分香子廟前往香火來源地之母廟進香；「遊境」：又稱「參香」，及本地神明出外遊山玩水，拜訪其他神明，而本地信徒亦會同行，去參訪的廟宇數量較多，具有濃厚的觀光旅遊性質；「會香」：即往同一香火來源地的姊妹廟或兄弟廟，與其姊妹神與兄弟神相會，兩廟較有密切情誼關係，但非母廟與子廟關係。見林美容，《媽祖信仰與臺灣社會》（臺北：博揚文化，二〇〇六年），頁六三。

41 蔡相煇、吳永猛，《臺灣民間信仰》，頁二〇二。

42 本文所指的高雄沿海乃是原高雄市區以及茄萣、湖內、永安、彌陀、梓官、林園等行政區，而高雄平原則係燕巢、阿蓮、岡山、路竹、橋頭、大社、仁武、鳥松、鳳山、大寮等行政區；這一地帶在信仰風俗上頗為一致，有別於田寮、旗山、美濃、六龜、杉林等近山或客家地區。

43 吳瀛濤，《臺灣民俗》（臺北：眾文圖書股份有限公司，一九九二年），頁六九。

44 科事乃指科儀，係高雄地區小法所使用的指稱，但任繼愈認為科儀，曰：「道門科儀」，其解釋為：「道教名詞。道教各種法規與儀式的條文……」，故可見這種指稱乃帶有地方性的文化意涵。見任繼愈主編，《宗教辭典（修訂本）》（上海：上海辭書出版社，二〇〇九年），頁九八一。

45 因為高雄沿海平原地區對科期的觀念，是有著入他人境域必須展現「我庄」實力，故而在經費上所資不斐，其中，一次科期所動員者不僅只有所屬聚落，更需交陪廟宇支援。為使交陪廟宇能動員所屬聚落，也常用「官職名銜」賦予任務，比如「先鋒官」、「保駕官」、「監（主）考官」等銜。

46 八檯乃指神轎，係一般神祇遶境、出巡所用的神輿，因為是由八個轎夫肩扛，故稱「八檯」。

47 陳蒲清注釋，《孟子注釋》，〈告子〉（廣州：花城出版社，二〇〇八年），頁二一八。

48 清‧張廷玉等撰，《明史》，卷七三，志二，《四庫備要‧史部》中華書局據武英殿本校刊。

49 洪瑩發，〈王巡四境：臺灣迎請「代天巡狩」儀式芻議〉，《文化資產保存學刊》（第三二期，二〇一五年八月），頁八〇—一一五。

50 李豐楙，〈禮祝之禮：代巡信仰的神道觀〉，《中正漢學研究》（第二三期，二〇一四年六月），頁二〇七—二二八。

51 觀八檯乃指法師敲打鑼鼓，誦念咒文，召請神祇之靈降落神轎上。

52 〈高雄市「民俗」提報表——鳳邑舊城城隍出巡〉（二〇一六年十二月二十日）

53 〈高雄市歷史博物館開會通知〉，發文日期：二〇一六年十二月二十六日，發文字號：高市博典字一〇五七〇四三八三〇〇號。

54 〈高雄市民俗及有關文物登錄訪查表——李文環委員〉（二〇一七年一月一日）。在李文環的評定中，歸納各項意見，大體得出，這項活動與清代祭祀城隍扞格，且民間信仰化過程中也為發展出傳承性的風俗，亦未有呈現城隍信仰特質的儀式或活動，與多數廟宇相同，僅是地方神祇的繞境。最主要還是整體不夠穩定。

55 當日應出席委員十五名，實到委員有李靖葦、楊仙妃、黃文博、戴文鋒、林茂賢、謝貴文、簡文敏、江明親、林修澈、邱彥貴等十位委員。

56 〈高雄市府公告——公告登錄「鳳邑舊城城隍出巡」為本市民俗〉，發文字號：高市府文資字第一〇七三一五二三四〇一，公告日期：二〇一八年九月十日。

肆

鳳邑舊城城隍廟戊戌年重修與彩繪保存

一　舊城城隍廟戊戌年重修與文物保存

康熙五十七年舊城城隍廟由知縣李丕煜興建，乾隆五十八年鳳山縣儒學吳策勳第一次重修，咸豐六年職員陳大奎發起第二次重修，迨至昭和二十一年，內惟李天輝、左營謝耀麟等仕紳，因為不忍古廟殘陋，發起第三次重修。戰後，舊城城隍廟原擬四度重修，礙於當時民生亟待復甦而遲至民國五十一年才重倡此議。其後因屋頂剪黏受損嚴重，曾於六〇年代進行屋脊重整，目前所見之廟體結構與裝飾構建大抵為民國五十一年間所留下。

當時文物保存觀念不興，大批文物遭棄，所幸當時參與重建之木匠蔡德明先生，於斷瓦殘垣中挖掘搶救部分殘存文物，使得重要文物得以保存。為展現舊城城隍的歷史風華，舊城城隍廟遂於民國八十二年於後殿三樓成立「舊城城隍廟文物陳列館」加以珍藏，並全權委託蔡德明先生維護，讓來到城隍廟祈福朝聖的民眾可以藉由典藏文物，一窺城隍廟發展的軌跡。

隨著時間的推移，舊城城隍廟既有廟體在風雨侵蝕下早已不堪使用，距民國五十一年的重建也將近五十餘年，這段時間都未曾進行重修，滲雨、漏水、鹽化、剝落、下陷、結構移位等問題逐一浮現。管理委員會雖多次擲筊向城隍爺垂詢重修意見，卻始終未獲同意。直到民國一〇七年管理委員會才在城隍爺的首肯下進行重修。

本次的重修原本只規劃摘除舊有剪黏進行修繕滲雨部分，還有重點清洗內殿彩繪，無奈進行剪黏摘除及結構勘查時，包括水泥剝落、鋼筋裸露等問題逐一浮現，因此預定一年完成的修整工作，在迫不得已的情形下決定進行大規模的重

左營舊城城隍廟樑枋彩繪潘麗水落款。
攝影：周志明

修。本次重修乃委託店仔頂林宜棉先生進行，在保持城隍廟原有結構與古風的前提下進行補強，既有的木雕、石雕、神龕、泥塑、磨石等部件均一一保存，甚至廟頂六〇年代重整時的剪黏也留下范謝將軍作為紀念。

鑒於前人在推動文物及文化資產保存之用心，舊城城隍廟於整修前委託專人調查廟內現有之彩繪，過程中，高雄市政府民政局於民國九十六年辦理二個梯次「高雄市潘麗水門神彩畫藝術之旅」時，意外發現左營舊城城隍廟門神彩繪的作者，正是國寶級大師潘麗水。廟方邀請潘岳雄老師前往鑑定，確認無誤。只是原落款當時遭到不明黑漆覆蓋，再加上民國一〇二年發生門神彩繪火災意外，因此決定進行全面性的修復，保留下潘麗水的珍貴作品。

三川前步口彩繪保存狀況良好。
攝影：周志明

為了保存廟內其他珍貴的文化資產，廟方曾多次主動確認廟內建築彩繪的藝師，但棟架上的樑枋彩繪因已受到嚴重的油煙污損，內容辨識困難，無法確認是否同為潘麗水之作。為了在修復過程中，避免毀損油煙下的彩繪圖像，廟方也積極以各種方式尋找、確認廟內棟架彩繪的匠師。二〇一八年，廟方透過紅外線檢視，終於在拜殿內上方屋架壁體發現題材為「三顧茅廬」的彩繪，留有「麗水畫」之字樣，可以確認廟內的棟架彩繪和門神彩繪皆是潘麗水於民國五十七年完成的作品。

棟架彩繪或是壁體泥塑彩繪有別於可移動的門神彩繪，修復過程一般來說都是在構件不可移動的前提下施作，因此如何維持文物及修復人員的安全，需配合鷹架及相關安全措施。目前，城隍廟內的不可移動彩繪，主要是三川前步口及正

正殿棟架上彩繪受油煙及水損無法以肉眼辨識。攝影：周志明

殿水泥棟架上彩繪，除了前者保留比較完整，沒有受到太多煙燻的裂損外，棟架彩繪幾乎已經無法以肉眼辨識。再加上水泥壁的鹽害及屋頂漏水劣損，後續的保存維護應該先進行科學檢測，確認保存狀況以及裂損因素後，再進行相關的修復及預防性保存維護措施。

臺灣傳統寺廟中，門的存在是為了維持其建築空間的完整。因為是宗教信仰場域，常會透過神聖物件或彩繪圖像來抵禦外來的煞氣或邪靈外道，而門神彩繪就是其中常見的一種方式。

門神上的彩繪自漢代以前就已經存在，[57]《山海經》中曾記載使用桃木作為門板上的厭勝物，[58]後來漸漸演變成使用擅長抓鬼的「神荼」和「鬱壘」的人物造型彩繪。到了唐代，流傳著唐太宗夢中斬龍王的故事，由於「秦瓊」和「尉遲恭」

兩位將軍在夜間的護衛，得保唐太宗不受侵擾，民間就此流行將兩位將軍繪製於門上，藉此抵禦妖魔惡煞。時至今日，門神彩繪也有著多元的特殊圖像，如天干地支、二十八星宿、三十六官將、或二十四節氣等，包括歷史上著名的武將、文官宮女、祥禽瑞獸或圖騰文字等，都被繪製或雕刻於門板上避邪。

近代門神彩繪文化不斷演替，匠師也應用歷史事件或時代潮流的圖像創意出不同作品，不再只是單純的具有「厭勝」功能。左營舊城城隍的門神彩繪，分別是秦叔寶、尉遲恭和四位文官，說明如下：

（一）秦瓊

頭戴鳳翅盔，右手持十三節金鞭，左手捧鬚，腰配翎羽箭袋及寶劍，內穿武胄外披飛魚文袍，腳踏雲靴，呈現黑面圓眼身飄雲帶的威武之姿。在弓袋上繪有八仙的漢鍾離，並透過側光確認潘麗水落款於此。在文袍的彩繪上，也發現腰間前檔、右下裙襬及左袖口上繪有鯉魚和金魚，這是潘麗水有別於其他藝師的特色。這扇門神彩繪下方留白，右斜及背面下方等處有被縱火毀損的痕跡，毀損狀況嚴重，有些地方甚至已見打底層，後續將以仿作原畫稿進行修復作業。

（二）尉遲恭

頭戴鳳翅盔，右手持四方鐧，左手捻鬚，腰配弓袋及寶劍，內穿武冑外披飛魚文袍，腳踏雲靴，呈現粉面鳳眼身飄雲帶的威武之姿。在弓袋上繪有八仙的李鐵拐，下檔處冑甲則繪有太子騎獅持磬圖像。在文袍的彩繪上，也發現腰間前檔、右下裙襬及左袖口上繪有鯉魚和金魚，與秦瓊的裝扮恰成對稱。在這扇門神彩繪下方留白，右斜及背面下方等處一樣有被縱火毀損的痕跡，幸而面積較秦瓊的狀況輕微，但部分也同樣可見打底層，後續將以仿作原畫稿進行修復作業。

（三）左次間文官

左次間的兩位文官，在造型上雖然有所不同，但也以對稱的方式呈現。

1 文官（龍邊）

此文官造型是白鬚文面的老者像，身穿飛魚冕服，頭戴相帽，偏插富貴花，右手執香爐，左手捧玉腰帶，腰牌上書寫中華二字，在蔽膝上方也繪有鳳凰朝日圖樣，下方則是繪有十二章紋的山及水紋，同時也搭配祥瑞的神獸或圖騰，如獅子、壽字、富貴花或瓔珞珠寶等。

2 文官（虎邊）

此文官造型是墨鬚文面鳳眼像，身穿飛魚冕服，頭戴相帽，偏插富貴花，右手執富貴花，左手捧如意，腰牌上書寫萬歲二字，和龍邊的文官姿勢對稱，蔽膝上方也同樣繪有鳳凰朝日圖樣，下方則是繪有十二章紋的山及水紋，同時也搭配祥瑞的神獸或圖騰，如獅子、壽字、富貴花或瓔珞珠寶等。壽字的造型則以圓形為主，有別於龍邊為橢圓形。

4 右次間文官

右次間的兩位文官和左次間最大的差別在所持物品不同，但服飾與對稱性則相同。

5 文官（龍邊）

此文官造型是墨鬚文面的老者像，身穿飛魚冕服，頭戴相帽，偏插富貴花，右手執爵器，有升官進爵之意，左手捧如意，腰牌上書寫中華二字，在蔽膝上方同樣繪有鳳凰朝日圖樣，下方亦是繪有十二章紋的山及水紋，同時也搭配祥瑞的神獸或圖騰，如獅子、富貴花或瓔珞珠寶等。

6 文官（虎邊）

此文官造型是黑鬚文面像，和龍邊不同的是鳳眼，身穿飛魚冕服，頭戴相帽，偏插富貴花，右手執帶葉石榴，有多子多孫之寓意，左手捧如意，腰牌上書寫萬歲二字，和龍邊的文官姿勢對稱，蔽膝上方也同樣繪有鳳凰朝日圖樣，下方則是繪有十二章紋的山及水紋，同時也搭配祥瑞的神獸或圖騰，如獅子、壽字、富貴花或瓔珞珠寶等。壽字造型則以圓形為主，有別於龍邊為橢圓形。

二　門神彩繪保存修復

臺灣的氣候潮溼炎熱，近年極端氣候日益劇烈，再加上廟宇終年香火不斷，許多彌足珍貴的彩繪作品多遭煙燻，圖像已不復見。其實建築彩繪除了蘊含豐富的宗教、藝術及人文價值外，隨著不同時代的發展，再加上材料的發展，匠師無論在創作或修復上也逐漸開始有著更多元的作法，例如彩繪顏料、彩繪主題、彩繪技法或保存的觀念等。過去由於建築資源的匱乏，以及保存維護的觀念尚未普及，如果保存狀況還堪用，常會在原彩繪上補色。如果劣損嚴重，往往會先清除原彩繪層，再重新安金上彩。

隨著國際修復的觀念普及，再加上這幾年與國外專家學者的交流頻繁，對於建築彩繪已經趨向保留重要或是稀少的門神彩繪。有鑑於此，舊城城隍廟也在了解潘麗水門神彩繪的文化資產價值之後，透過較先進的保存原則進行修復。

此六扇門神彩繪在經過光學的科學檢測後，評估受損的狀況，進而提出修復的作業程序及材料使用，相關作業內容包括可見光攝影、紅外線攝影、顯微檢測、清潔藥劑試驗等，同時在最少的干預和仿作原則下進行修復。

門神彩繪修復前可見光影像

門神彩繪修復前紅外線影像

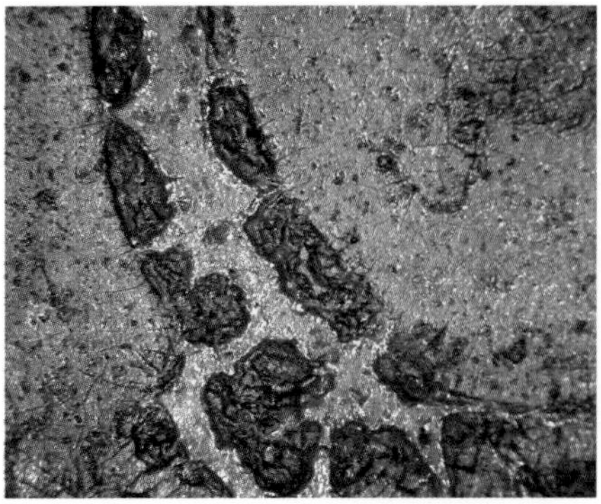

墨線上油煙縮合顯微影像。攝影：周志明

（一）修復前檢測紀錄

在修復前的影像紀錄中，可見光的影像是最基礎的檢視紀錄，而紅外線及顯微影像，則是提供後續修復重要的參考訊息。為了記錄覆蓋在油煙及粉塵底下的彩繪，藉由紅外線的波長較長、穿透力強、能量低等特性，在穿透油煙層後紅外線反射彩繪層，再加上彩繪匠師常使用墨線繪製門板線稿，其中墨線的碳會吸收紅外線的特性，以非破壞性的檢測擷取到不同程度之灰階影像，辨識無法以目視判斷的油煙燻黑處所存在的彩繪圖像。城隍廟這六扇門神彩繪除了遭火損的部分外，其他影像在紅外線下影像保存的相當完整。

紅外線相關檢測結果，將可提供門神彩繪未來在清潔或加固上，很重要的參考依據，同時也可以做為未來教育推廣使用。我們從紅外線影像中發現，這幾扇門神，不僅油煙層的分佈不均勻，同時損壞狀況也不一，特別是在影像經過灰階處裡過後，更可從中看到這些不論是經過時間或是人為所造成的損壞情形。

（二）彩繪清潔

正式清潔作業之前需先進行各項清潔方式的實驗測試，其中物理性清潔主要針對門神彩繪表面的落塵；化學性清潔則需依序選擇極性由小而大的藥劑，試洗的區域盡量以邊緣為主。化學清潔以清除表層油煙及不傷害彩繪層為原則，因每幅門神為獨立個體，雖處於同一空間之內，但因油煙污染程度及人為日常維護都不相同，必須獨立進行測試。

1 **物理清潔**

以不使用化學藥劑達到清潔目的為主要訴

手術刀進行白漆刮除。攝影：周志明

求，但物理方式的機械力道拿捏對於修復人員來說是一大考驗。此法僅適用於文物表面狀況良好並無劣化處。以下針對各法加以描述：

(1)毛刷乾式清潔法：

選擇質地柔軟的羊毛刷將彩繪層表面灰塵清除，配合修護用吸塵器將飛揚的塵埃一併清除，避免二次污染。

(2)棉花棒滾動清潔法：

滾動方式可分為同向滾動擦拭與圓圈滾動擦拭，須以擦拭搭配自轉，便能將髒污帶起而不繼續污染文物。

(3)手術刀刮除法：

搭配頭戴式放大鏡或立體顯微鏡使用，刀具

與文物之角度以不大於十五度為原則，避免造成刮傷。

綜觀上述各項測試，根據試驗的結果歸納出適合各幅門神的清潔方式並交互使用。但因各幅門神的油煙污染程度、人為日常維護管理、所處方位環境、劣化狀況皆有差異，其清潔流程與方式目前尚未有統一的準則規範。因此其清潔的標準程度應視各扇門神的全幅同調性與相對應門神的整體一致性為主，以達整體空間的視覺美觀協調。

2 化學清潔

此法為選擇適合的化學藥劑來達到清潔的效果，須事先對文物的不同色塊進行藥劑試驗。由於彩繪表面遭到嚴重煙燻，且並非均勻分布，因此必須選擇極性較小的藥劑進行試洗。經測試結果得知，藥劑的化學組以氨水（濃度一至三%）、檸檬酸三銨（濃度五%）清潔效果較佳。因此針對彩繪層各色、金箔、墨線、貼色位置、化色位置、毛髮鬍鬚罩色位置、臉與手部皆採用不同的清潔藥劑、濃度與方式。

除了得先確定藥劑不會對彩繪層造成傷害外，也要注意選擇揮發性較佳的藥劑，減少藥劑在文物表面停留的時間及殘留，在最大程度上減少破壞文物的化學反應。各化學清潔原則簡述如下：

(1) 楮紙濕敷法：

利用楮紙吸濕的功能，以紙張光滑面接觸文物表面，避免粗糙面的纖維勾纏而導致裂損文物彩繪層。另外，若選擇以適當藥劑進行濕敷清潔，

以褚皮紙進行濕敷清潔。攝影：周志明

棉花棒滾動吸附油煙

即應注意反應時間，配合藥劑試驗清潔的效果，以評估藥劑濕敷反應的時間。最後再以棉花棒沾附去離子水，滾動清除殘留於文物表面的溶劑及髒污。

(2) 棉花棒滾動法：

先以毛刷將去離子水塗覆於文物表面，再以沾附藥劑的棉花棒針對清潔處進行清潔。在滾動的過程中，隨時注意文物表面的反應，並準備吸水紙，伺藥劑的反應時間，再以乾淨的棉花棒或吸水紙吸附清除殘留的藥劑。清潔前應評估文物表面狀況，若有酥鹼、起甲或剝落之虞，應避免棉花棒直接接觸清潔。應先墊上褚紙，再以棉花棒滾動吸附污漬，最後再以去離子水清潔殘餘的污損。

3 **清潔方式與步驟：**

(1) 乾式清潔：

這是進行清潔作業前的重要步驟。選擇質地柔軟的羊毛刷將彩繪層表面的灰塵清除，配合修護用吸塵器將飛揚的塵埃一併清除，避免二次污染。

(2) 門神武將墨線固色及金箔墨線固色：

門神彩繪為表現物件的金屬質感以及畫面的華麗感，匠師會在盔甲、帽冠及武器配件上，使用大量金箔，並在金箔上以墨線勾勒出紋飾。由於金箔表面孔隙小，附著力差，墨線因展色劑老化造成黏著力減弱，因此會出現粉化、剝離的情況。此外，清潔時塗刷的機械力也會造成墨線遺失現象。為了減緩此情形，在進行濕式清潔作業前，須選用動物膠（鹿膠）製成濃度八％的固色劑進行固色。操作方法及步驟分述如下：

動物膠進行墨線加固。攝影：周志明

a為避免表面髒污固著於彩繪層上，乾式清潔後以棉花棒沾去離子水進行表面髒污移除。

b以中圭筆沾八%動物膠固色劑進行固色。因筆尺寸較小，含溶液量少，行筆時速度需慢，固色劑較易塗布均勻。塗布範圍宜超出墨線外約〇．一公分，使墨線被固色劑完整覆蓋。

c因表面煙燻嚴重，部分墨線圖像遭到遮蔽，參考紅外線影像資料進行固色作業。圖像完全遮蔽處，運用紅外線相機拍攝時的螢幕同步進行固色。

(3)濕式清潔：

有乾濕式的化學性清潔，在完成藥劑試驗後，遵循下列清潔作業原則：

a清潔前應以清水進行局部的濕敷。

b藥劑應由最小濃度，配合檢視紀錄視清潔狀況增加濃度。

c清潔完成後，避免藥劑或水溶液的殘留，應以吸水紙吸附殘留的水分。

(4)細部物理清潔：

全幅門神彩繪經化學清潔後，部分人物之髒污尚未清除完全，且因貼色處之彩繪層較薄，不建議持續使用化學藥劑清潔，因此採用手術刀刮除法進行細部清潔。

（三）彩繪仿作

門神武將秦瓊與尉遲恭下半部的彩繪因火損嚴重，表面的彩繪成幾乎碳化，需進行清除至基底木材，再進行仿作，為維持其彩繪風格，邀請潘岳雄老師進行仿作。仿做的內容如下：

1原工法及材料

為維持原門神彩繪的風格，仿作內容包括打底、線稿、安金畫色及保護層等，在完成打底層的製作後，依照潘麗水常用的圖稿描繪線稿，更同時依照目前所保留的原彩繪色調，進行安金畫色。

2 全色仿舊

由於仿作後的色調會比原彩繪來得鮮豔，因此在塗覆保護層之前，必須就仿作的彩繪進行協調性的全色，使全幅門神彩繪能有較一致性的色調。

（四）彩繪加固全色

為延續門神彩繪的保存時間，以及門神彩繪的完整，清潔後對於已經裂損的部分，進行加固及全色作業，同時遵守文化資產保存修復原則。

(1) 加固

為避免已經劣化的彩繪或裸露的泥塑土層

彩繪加固全色

不再有發霉之虞，採用加固的方式延續文物的生命，保護表面的隔離層也具有一定的撥水效果。加固的材料採修復用 Lascaux Acrylic Adhesive 498 HV，其特性係在成模反應前具一定的熱塑效果，藉由小型電熨斗協助進行加固作業。惟溢流而出的部分，須立即以清水擦拭，避免在文物表面留下反光的色域，間接影響神像整體的協調性。

(2) 全色

原門神彩繪在清潔後所記錄的裂損狀況，有材料自然和人為使用的劣化，前者多是材料的縮合，致使線稿或局部顏色的佚失，而後者多是造成區塊的缺損。全色的進行，在確認填補加固後，採用修復用水彩進行線稿和顏色的補遺。

（四）文化資產價值再現

如今，面對保存科學的蓬勃發展，透過科學的檢測分析技術，我們得以了解匠師所使用的材料，並作為修復時材料的應用與選擇，以減緩傳統建築彩繪所受的破壞、劣化，並進一步達到門神彩繪保護之目的。

當前臺灣傳統建築所保存下來的彩繪，除了包含過去移民所帶來的原鄉文化外，也會隨著時間受到在地文化的影響，逐漸發展成具有在地特色的彩繪文化。而現存經指定為古蹟的廟宇中，其彩繪內容除蘊含信仰價值外，也可以從中進一步了解匠師在技藝或材料使用上的養成，並具有其文化資產價值上的意義。

57 《山海經》的作者和著作年代已不可考，相傳是大禹或伯益所著，也有另一說是直到西漢時才被合編成籍。

58 厭勝有壓制的含意，配合實質的器物和儀式，淨除一切障礙以獲得勝利。《漢書》曾記載王莽製作銅製的「威鬥」壓制來犯的武力軍隊；《顏氏家訓》及《繪圖魯班經》也曾以「厭勝」一詞，說明透過咒術而贏得勝利。

伍

參考文獻

• 王耀賢，府城城隍信仰之研究，國立臺南大學臺灣文化研究所碩士論文，二〇一〇年。

• 王瑛曾，重修鳳山縣志，行政院文化建設委員會、遠流出版事業股份有限公司，一七六四年。

- 王圻，續文獻通考，續修四庫全書，上海古籍出版社，一九九五年。
- 余文儀，續修臺灣府志，行政院文化建設委員會、遠流出版事業股份有限公司，一九六三年。
- 李祖定，中國傳統吉祥圖案，上海科學普及出版社，一九九八年。
- 李橙安，高雄市左營區鳳邑舊城城隍廟及其十三角落祭祀組織與活動，麗文文化事業股份有限公司，二〇一三年。
- 李奕興，門上好神——臺灣早期門神彩繪，行政院文化部，二〇一三年。
- 杜劍鋒，失落的桃仔園，高雄市文獻委員會，二〇〇四年。
- 周宗賢，臺灣的民間組織，幼獅文化事業公司，一九八三年。
- 周錫保，中國古代服飾史，南天書局，一九八九年。

- 邱延洲、劉佳雰，黃源量先生訪談稿，未刊稿，二〇一七年一月二十一日採訪。
- 邱延洲、劉佳雰，庄茂盛先生訪談稿，未刊稿，二〇一七年一月二十一日採訪。
- 高春明等，中國古代傳統服飾形制史，南天書局，一九九九年。
- 連雅堂，人文薈萃，遠藤寫真館，一九二一年。
- 淡新鳳三縣簡明總括圖冊，出版社：國史館臺灣文獻館，作者：臺灣銀行經濟研究室，一九九七年。
- 孟文筠，明代以來城隍故事與信仰，國立花蓮師範學院民間文學研究所碩士論文，二〇〇四年。
- 陳文達，鳳山縣志，行政院文化建設委員會、遠流出版事業股份有限公司，一九六一年。
- 葉劉天增，中國文飾研究，南天書局，一九九七年。
- 鳳邑舊城城隍廟城隍尊神出巡遶境委員會編，鳳邑舊城城隍廟丙申科城隍尊神暨十三角落境主出巡遶境科儀秩序手冊，鳳邑舊城城隍廟，二〇一六年。

- 薛志亮，重修臺灣縣志，行政院文化建設委員會、遠流出版事業股份有限公司，一八〇七年。
- 劉文三，臺灣神像藝術，藝術家出版社，一九九五年。
- 劉文三，臺灣宗教藝術，雄獅圖書股份有限公司，一九九二年。
- 劉秋霖等，中國古代兵器圖説，天津古籍出版社，二〇〇三年。
- 盧德嘉，鳳山采訪冊，臺灣銀行經濟研究室，一九六〇年。
- 戴炎輝，清代臺灣之鄉治，聯經出版社，一九七九年。

陸

附錄

附件一　責任有限舊城信用合作社發起人員名單

和洋雜貨商

鄭新芬、鄭知肚、鄭天化、鄭再德、鄭天恩

雜貨商

謝昆、尤塗、林維時、黃烏秋、王心安

米商

陳聰楷、蘇韮、卓有德、卓明輝、謝元

藥種商

林得、林陳秀、林後、林量、林〇、楊梧桐、楊振福、楊凱雄、韓典、韓天賜、韓柄內、林維潛、林維堯

農業

謝耀麟、陳永、盧安居、黃蔭、黃旺、黃開春、鄭來成、黃良慶、黃世、曾富、柳萬掌、謝吉、謝途、謝大頭、鄭得地、謝磁、陳漏（月世）、林達、陳源、黃不纏、卓有信、林虞、張噹、朱張、李讚、黃成德、余知、陳武、雷鄭來、陳寮、曾乞、曾古井、陳其四、李梗、曾聆、曾成枝、曾旁、曾清、曾隆、曾晚吉、郭躼腳、

曾振祥、曾槌、曾胡、曾珍、李真好、謝天送、
謝鳥、曾保、盧竹、謝舜、吳達、曾楊盧開、
黃做、曾廷垣、林取、曾玖、曾丁、林塭、
陳乃貞、陳聰哲、陳聰敏、陳夢祥、陳昭遠、
陳芋葉、蔡欽、謝鑾、曾廷楷、曾中達、謝碼壽、
郭隆興、謝亮、洪允、高溪海、傅坤九、曾典墤、
曾瑞麟、曾璣璋、曾輝祥、謝孔賜、謝溪圳、
韓壽山、謝江川、黃查某、黃漏福、林歐勸、
鄭盧秀、鄭隨貴、曾李足、黃管、謝石柳、
林居萬、林老、楊年樹、郭添、李源、謝知、
林硯、郭新喜、謝連、謝薯、許續生、李奎瑞、
楊蚶、曾〇、林泉、林井、曾就、曾〇、曾足、
林令、許存意、曾大頭、謝騫、黃興、蔣相、
楊本、林清池、林貴、林世、師王芒、施謝近、
詹進川、柳別、柳賊、柳釩、陳祥如、陳質、
廖桂和、謝知曹、高萬吉、高達、裴岸、李朝清、

曹漏知、曹景松、曹生、曹楊一、陳宅、許會、
許芳、施牛、施炎、柯潛、邱龜督、陳聰傑、
黃先進、黃河、董戰、顏德勝、余存勝、曾天送、
謝〇居、謝玉、林吉、謝萬掌、謝天才、鄭茂、
林丙、林順成、陳貞祥、余芳、曾廷魁、柯生、
郭擷、卓吉立、胡衛、郭肉、葉皮、阮獅、
阮圭屎、李掌、陳貓江、吳肉、柯簸、柯目、
許薏涂、董漏歡、林水、陳明營、張賊、黃奈、
謝本、蘇鉗、郭菓、李通、許代、黃克、周占翠、
黃旺、林犬、徐悔、曾紅毛、曾臨、黃豆、
余花苘、梁家〇

商業

薛占、薛禮、吳馬現、孫望曾、謝繼善、麥登榮、
麥蔡反、郭天助、郭國芳、郭家炳、郭家璧、
郭家田、郭天財、郭國泉、曹牛、郭萬賽、

孫望曾、吳榮、林汝丹、何市、謝芳、郭安邦、張源、余孝山、謝余欽、陳坂、曾春母、黃〇

金銀細工

陳胡、陳其蘭、曾豹

吳服商

陳溪泉、陳郭麵

金銀商

吳香

獸肉行商

謝永

醬油商

李文

飲食物行商

郭火炎

大麵製造業

蕭柳金

菓子商

蔡慶儀

醫師

陳強

附件二　舊城城隍廟修建委員身分一覽表

身分	姓名	背景	十三角落公廟
修建主委	謝耀麟	1舊城信用組合 2左營農會	舊城城隍廟
修建副主委	黃海清	1日治時期經營米穀事業	左營元帝廟
	郭壽帶	1路南里里長 2高雄市議員	舊城城隍廟 左營元帝廟
常務委員	李榮	1一九二一年經營米穀，雜貨商 2舊城信用組合理事 3保正 4高雄州水利組合評議員 5高雄市小作改善委員 6財團法人佛教慈愛評議員	內惟青雲宮

委員

	7 高雄市畜產組合評議員內惟區委員	
陳成通	1 第一屆里長	覆鼎金保安宮
薛喜	1 左營農會 2 第一屆里長	廍後北極殿
陳盧潘		元帝廟豐穀宮
張實		
林預		
謝芬		
蘇輝		
柳清和		
曾天祿		
歐朝琴		
陳淡而	1 舊城國小第八任家長會會長 2 日本東京都麗川陸軍第七航空研究所 3 前議員陳雲龍之祖父	內惟青雲宮
康金江	1 協泰營造廠股份有限公司董事長	舊城城隍廟

陳隆輝	1高雄商工專修學校畢業 2民國三十五年自營電氣事業至今 3臺灣省電氣工程工業同業公會常務理事 4隆輝電氣行總經理 5高榮水電器材股份有限公司董事長	埤仔頭鎮福廟
侯回	營造業	
侯萬蟾	營造業	舊城城隍廟
陳成		
蔡天送		
陳水標		
張玉山		
王午露		
李舍		新莊仔青雲宮
鍾金生	1第一位里長	新莊仔青雲宮
李勉		覆鼎金保安宮
黃有名	1曾任里長	

顧問	林仁和	1臺南師範學校畢業 2曾任臺灣省立高雄中學教員 3高雄市教育會理事長 4高雄市議會議員、議長等職 5臺灣省政府參議 6高雄市體育會理事長 7臺灣省臨時議會第二屆議員	
	王貴人	1日治時期左營公學校教員 2左營庄役場會計主任 3左營青年團副團長 4左營區長舊城國小第四任家長會會長（民國三十九年九月～四十九年九月） 5省轄市高雄市議會第二屆議員（民國四十二年一月十六日～四十四年一月十五日）	廍後北極殿
常務監察	曾仁春	1省轄市高雄市議會第五屆議員（民	左營元帝廟

監察

李存智
顏仁博
王庚寅
黃丁木

國五十年二月二十一日～五十三年二月二十日）、省轄市高雄市議會第七屆議員（民國五十七年二月二十一日～六十二年四月三十日）
2曾家宗聖托兒所負責人

覆鼎金保安宮

附件三　民國五十七年歲次戊申科舊城城隍廟慶成建醮大典紀念碑

（一）本廟修建委會合第三屆董事會於民國五十七年十月三十一日下午二時在本廟召開聯席座談會以研討有關落成祈安建醮一切事宜，即席全體公推謝耀麟先生為召集人組成本廟慶成建醮籌備會。

（二）同年十一月四日下午二時召開第一次慶成建醮籌備會議討論有關事宜。

一、關於慶成建醮委員會組織規程及委員人選應如何組成案。

決議：本廟慶成建醮委員組織以本廟修建委員會委員及各組組長、副組長與現任第三屆董事暨各廟宇管理人、爐主、大頭家等為當然委員，其餘由各廟宇推薦地方人士，顧慶成為神效勞、熱心服務者歡迎推薦參加公開組成之。

二、關於各廟宇召開會議推選四大首及各委員名單應於何時送會案決議：統限於一月七日下午六時前送達籌備會籌辦。

（三）同年十一月九日下午二時在本廟成立舊城城隍慶成建醮委員會決議事項如後：

一、主任委員兼總理：謝耀麟；內總理：黃海清；副內總理李榮、梁家瑞、林登福、張實、陳成通；外總理：郭壽帶；副外總理：謝寵、曾信雄、王庚寅、吳天寶、鄭水亮。

二、本廟所屬境內各廟宇奉祀主神為首顏曰：「主神首」

廟名	主神	所在地
州仔清水宮	清水祖師	左營區尾北里
店仔頂慈德宮	天上聖母	左營區聖北里
左營豐穀宮	神農大帝	左營區進學里
左營元帝廟	玄天上帝	左營區廟東里
新莊仔青雲宮	保生大帝	左營區新下里
菜公豐穀宮	神農大帝	左營區新中里
廍後北極殿	玄天上帝	左營區部南里
埤仔頭鎮福廟	福德正神	左營區埤北里
覆鼎金保安宮	中壇元帥	三民區覆鼎金
內惟龍泉宮	天上聖母	鼓山區內惟
內惟青雲宮	保生大帝	鼓山區內惟
內惟鎮安宮	地府千歲	鼓山區內惟
新吉莊北極殿	玄天上帝	左營區新上里

三、竹安清醮四

主會：李其。丁未年十一月二日子時生，左營區埤仔頭人。

主醮：黃金貴。辛亥年八月十二日子時生，鼓山區內惟人。

主壇：劉忠未。戊庚年六月七日五時生，左營區三甲人。

主普：陳聯。辛亥年十二月二十日戌時生，三民區覆鼎金人。

附件四　民國八十五年四月一日舊城城隍廟慶成建醮收入支出結算碑

主任委員

副主任委員

黃海清、郭壽帶

委員

鐘金生、王溪泉、曾天助、陳騰雲、楊糧、曾何、
歐中達、郭二城、林頭、薛海樹、王清樹、
楊宗攀、王庚寅、薛善、謝芬、蔡長、王牛朝、
麥炳輝、陳萬興、卓坪、楊水生、余愛哭、謝祥、
陳漏添、梁屋、楊海源、蔡春風、王祿、陳隆輝、
陳長輝、李典、洪有、麥戊生、余有祿、金赦、
楊森、曾同意、謝溪、黃人、吳火、曾鳴義、
李賜瑤、林預、張實、蘇輝、庄倉吉、吳長、

周朱雨、夏天祥、黃媽達、孫天寶、劉全寶、
歐坤切、黃碖、施天飛、李媽福、劉有福、
黃有名、侯萬蟾、柳清和、陳興旺、薛媽尚、
李天送、曾貴生、黃陽、陳清足、林燕得、
曾晚吉、陳水泉、柯石明、黃耀宗、李順長、
陳成通、李存智、曾天祿、黃清風、薛車鬱、
陳恭德、李其麟、郭振旺、黃壬寅、陳四正、
張玉、陳金龍、施天來、余家順、賴彌有、李勉、
李榮、歐朝琴、林溪俊、許春生、胡八卦、
周德松、周連添、黃抱、林國安、黃慶恩、林試、
黃強、梁家瑞、陳清玉、李生、陳成、黃進發、
洪振福、李虎、林諒、郭皆長、賴丁發、李萬益、
黃吉、嚴甚、謝泉、郭財、黃秩、謝鐵、黃丁木、
蔡天送、曾仁春、徐春鉗、李連丁、胡彭、林尾、
黃龍華、陳火、謝別、鄭金言、郭茂林、周文樹、
李喜祥、薛順、李舍、顏仁傳、陳淡而、謝漏尾、

鍾廣春、陳金龍、陳振福、謝金印、陳春足、
曾雖、曾水門、蔣大印、劉朝來、曾信雄、
林萬發、鐘金生、陳水構、郭琴、李長黃宗、
李玉全、郭金龍、李來相、鍾買、黃浪、黃但、
謝寵、柳忠榮、蘇春和、劉忠水、劉忠水、李福、
張玉山、康金江

顧問

陳分局長采孟、李省議長存敬、
市府王行政課長貴人、宋區長丁貴
林農會理事長和吉、總幹事李銀濤、仕紳林仁和

本廟慶成建醮收入支出結算

（結算日：民國五十八年四月一日）

收入部門

科目	金額（新臺幣元）
丁口捐	20,401,000
斗燈首	65,540,000
神聖監醮	1,350,000
計收入	25,200
利息收入	8,260

支出部門

科目	金額（新臺幣元）	科目	金額（新臺幣元）
道士費	3,676,200	電力費	346,800
宣傳費	145,000	照相費	621,600
宴席費	13,830	敬神費	2,106,950
運搬費	67,500	醮壇費	1,639,100
伙食費	4,434,930	斗燈費	14,520,680
糊紙費	616,400	什費	540,650
演戲費	890,470	保健費	225,000
辦公費	68,800	招待費	1,675,300
器具	1,080,000	汽車租費	143,200
廣告費	390,000	合計	21,819,280

附件五　十三角落公廟興建年表

年代	角落公廟	記事
康熙十四年	舊城城隍廟	清廷通令全國將城隍之神牌合祀於山川壇中祭祀，為古鳳山縣祭祀城隍之肇始。
康熙二十六年	店仔頂慈德宮	店仔頂慈德宮草創。
康熙四十三年	舊城城隍廟	鳳山知縣宋永清在北門外設置一簡易草寮祭祀城隍。
康熙五十年	廍後北極殿	據《鳳山縣志》載，此時廍後北極殿已創建。
康熙五十七年	舊城城隍廟	鳳山知縣李丕煜捐奉並號召地方仕紳集資共同興建城隍廟。
乾隆年間	內惟神福祠鎮安宮	於舊城外前峰興建草寮奉祀土地公，為內惟神福祠之肇始。

		相傳先農壇肇始。
乾隆四十四年	龍目井龍泉宮	龍目井龍泉宮草創福德祠。
乾隆四十九年	龍目井龍泉宮	林安靜先生恭請供奉之二媽祖一同來臺（龍目井龍泉宮奠基）。
乾隆五十八年	舊城城隍廟	儒學吳策勳重修城隍廟。
乾隆年間	左營元帝廟	左營元帝廟肇建。
道光年間	新莊仔青雲宮 內惟青雲宮	竹仔腳、金絲鳳、頂頭仔三人捕魚撈獲保生大帝像，桃仔園保生大帝廟草創。
咸豐六年	舊城城隍廟	職員陳大奎重修城隍廟。
同治十二年	店仔頂慈德宮	曾協順重修店仔頂慈德宮。
同治十三年	廍後北極殿	卓隆美重修廍後北極殿。
光緒年間	洲仔清水宮	相傳洲仔清水宮清水祖師之肇始。
光緒九年	左營元帝廟	林源和重修左營元帝廟。
	埤仔頭鎮福廟	余令募建埤仔頭鎮福祠。
光緒十七年	新莊仔青雲宮 內惟青雲宮	黃見募修桃仔園保生大帝廟。

大正二年	內惟神福祠鎮安宮	李天輝重修內惟神福祠鎮安宮。
昭和二年	內惟神福祠鎮安宮	內惟鎮安宮重修，擇於現內惟派出所前建廟。
昭和七年	龍目井龍泉宮	龍目井龍泉宮重修。
昭和二十一年	龍目井龍泉宮	林東和先生再次發起龍目井龍泉宮之重修，同時奉媽祖旨意將廟名命名為龍泉宮。
昭和八年	菜公豐穀宮	菜公豐穀宮最早可追溯之年代。此時只供奉土地公、土地婆及中壇元帥三尊神像，無廟，由爐主輪值。
昭和十四年	新莊仔青雲宮 內惟青雲宮	日本海軍為建軍港，而將桃仔園居民遷至新莊仔與內惟，桃仔園保生大帝暫奉新莊仔鐘亞九宅。
		洲仔清水宮肇建。
昭和十五年	新吉莊北極殿	廍後庄民王牛潮自廍後北極殿請回十八埒家中供庄民祭祀（新吉莊北極

		殿奠基）。 日軍為建軍港，廍後北極殿被迫拆毀，原居廍後居民陸續遷村到十八埓（新莊仔）與後勁。
昭和十七年	內惟青雲宮	內惟李清誥及蔡福恭請桃仔園保生大帝二祖及三祖回內惟。
昭和二十年	左營豐穀宮	左營豐穀宮重建。
約民國三十二年	菜公豐谷宮	蚵仔寮的蔡姓人家因緣際會下替菜公豐穀宮神農大帝塑金身。
民國三十四年	廍後北極殿	薛占倡議募資於現址重建廍後北極殿。 建左營豐穀宮。
民國三十五年	舊城城隍廟	內惟李天輝、左營謝耀麟等人召集發起重修同時修復遭毀損之神尊。
民國三十六年	龍目井龍泉宮	張崇先生發起龍目井龍泉宮第三次重修。 林預、吳天寶建菜公豐谷宮。
民國三十七年	洲仔清水宮	洲仔清水宮重建。

民國三十八年	新吉莊北極殿	新吉莊北極殿於現址建廟。
	新莊仔青雲宮	鍾亞九父子倆積極的籌畫建廟，擇於新上街重建新莊仔青雲宮。
民國四十年	埤仔頭鎮福廟	埤仔頭鎮福廟已有四次重修紀錄。
民國四十一年	鼎金保安宮	覆鼎金保安宮動工重建。
民國四十四年	內惟青雲宮	內惟青雲宮建廟。
民國五十一年	舊城城隍廟	舊城城隍廟召開信徒大會決議將原本古廟拆除，並舊時鳳山縣治興隆內、外里的十三角落為核心成立修建委員會負責重建之事宜。覆鼎金保安宮重修。
民國五十五年	洲仔清水宮	洲仔清水宮重修，並將廟門轉向西面蓮池潭方向。
民國五十八年	內惟青雲宮	內惟青雲宮動土重建。
民國六十一年	左營元帝廟	左營元帝廟重修。
民國六十二年	店仔頂慈德宮	店仔頂慈德宮重建。
民國六十七年	廍後北極殿	薛順重修廍後北極殿。

民國六十八年	菜公豐谷宮	菜公豐谷宮重修。
民國六十九年	內惟神福祠鎮安宮	內惟神福祠鎮安宮道路拓寬動土重建。
民國六十七年	廍後北極殿	廍後北極殿重建。
民國七十二年	埤仔頭鎮福廟	埤仔頭鎮福祠遷至現址並改為鎮福廟。
		內惟神福祠鎮安宮落成。
民國七十三年	菜公豐穀宮	菜公豐穀宮重建。
民國七十四年	新莊仔青雲宮	新莊仔青雲宮修建。
民國七十五年	新吉莊北極殿	新吉莊北極殿因道路規劃，原廟全數拆除重建。
民國七十七年	覆鼎金保安宮	覆鼎金保安宮擇於金獅湖畔現址動工重建廟宇。
民國七十八年	新莊仔青雲宮	新莊仔青雲宮修建。
民國八十一年	龍目井龍泉	龍目井龍泉宮動工重建。
民國八十五年	洲仔清水宮	洲仔清水宮重建
民國九十六年	左營豐穀宮	左營豐穀宮重修。
民國一〇六年	內惟青雲宮	內惟青雲宮重修。

鳳邑舊城城隍出巡

信仰與地方再現

作者：李橙安、邱延洲、周志明
指導單位：文化部、高雄市政府
出版單位：高雄市政府文化局
發行人：林思伶
承辦單位：高雄市立歷史博物館
策劃督導：王御風
策劃執行：曾宏民、王興安
地址：80347 高雄市鹽埕區中正四路 272 號
電話：07-531-2560

總編輯：廖志墭
企劃執行：彭雅倫
編輯協力：潘翰德
插畫：林一先
書籍設計：陳瑨安 anchendesign

共同出版
蔚藍文化出版股份有限公司
社長：林宜澐

地址：10667 臺北市大安區復興南路一段 237 號 13 樓
電話：02-2243-1897
臉書：https://www.facebook.com/AZUREPUBLISH/
讀者服務信箱：azurebks@gmail.com

總經銷：大和書報圖書股份有限公司
地址：24890 新北市新莊市五工五路 2 號
電話：02-8990-2588

法律顧問：眾律國際法律事務所
著作權律師：范國華律師
電話：02-2759-5585
網站：www.zoomlaw.net

印刷：世和印製企業有限公司
定價：台幣 320 元
初版一刷：2019 年 10 月
ISBN：978-986-5504-03-8
GPN：1010801725

見城

本書為「再造歷史現場——左營舊城見城計畫」出版系列

國家圖書館出版品預行編目（CIP）資料

鳳邑舊城城隍出巡：信仰與地方再現／李橙安、邱延洲、周志明著
.一初版.一臺北市：蔚藍文化；高雄市：高雄市政府文化局，
2019.10 面；公分 ISBN 978-986-5504-03-8（平裝）
1. 寺廟 2. 民間信仰 3. 高雄市左營區

272.22 108017045